새와란
돌 봄

새화

가족, 돌봄, 국가의 기원에 관한
일곱 가지 대화

조기현 지음

돌봄

이배진

이매진의
시선
時線
13

새파란 돌봄
가족, 돌봄, 국가의 기원에 관한 일곱 가지 대화

초판 1쇄 2022년 2월 18일
초판 2쇄 2024년 8월 28일
지은이 조기현
펴낸곳 이매진 **펴낸이** 정철수
등록 2003년 5월 14일 제313-2003-0183호
전화 02-3141-1917 **팩스** 02-3141-0917
이메일 imaginepub@naver.com
블로그 blog.naver.com/imaginepub
인스타그램 @imagine_publish
ISBN 979-11-5531-129-5 (03330)

• 환경을 생각해 재생 종이로 만들고, 콩기름 잉크로 찍었습니다.
• 값은 뒤표지에 있습니다.

♦ **표지 설명**

회색 바탕에 하얀 글씨로 제목 '새파란 돌봄'이 새겨졌고, 표지 앞뒤로 파란 도형들이 일렁인다. 도형은 물결, 동그라미, 직사각형 등 일곱 가지 모양이다. 앞표지 왼쪽 위에 길게 뻗은 하얀 선을 따라가면 오른쪽에 '새파'라는 글씨를 마주한다. 그 아래 다시 왼쪽으로 가면 '란'이라는 글씨가 보이고, 맨 아래 가운데에 '돌봄'이라는 글씨가 보인다. 다시 가운데의 왼쪽 조금 위를 보면 '가족, 돌봄, 국가의 기원에 관한 일곱 가지 대화'라는 부제가 달려 있고, 아래로 내려오면 '조기현 지음'이라고 쓰여 있다. 왼쪽 맨 아래에 출판사 '이매진'의 로고가 새겨져 있다. 뒷표지에는 앞표지의 '새파란'에서 시작된 듯한 하얀 물줄기가 세 개 흐른다.

차례

새파란 돌봄이
왔다

한참을 두리번거렸다. 불법 주차가 즐비한 어느 주택가였다. 거리를 지나는 또래들을 쳐다봤다. 마주치는 얼굴마다 기대 섞인 눈빛을 보냈다. 이 사람이려나? 아, 이 사람도 아니구나. 그렇게 몇 사람을 보냈다. 약속한 시간이 다 된 무렵, 옆에서 또 다른 누군가를 기다리는 듯한 이에게 한 사람이 다가갔다.

"저기, 혹시 조기현 님이신가요?"

귀가 쫑긋했다. 나는 고개를 돌려 소리쳤다.

"저예요!"

그 사람이 내게 다가왔다. 이 사람이구나 싶었다. 그 사람도 나도 아픈 가족을 돌보는 청년이었다. 얼마 전 연락이 닿아 처음으로 대면한 날이었다. 그날 우리는 아픈 가족을 돌보며 겪은 세상과 느낀 감정에 관해 몇 시간을 얘기했다. 아픈 가족을 돌보기 전에는 미처 알지 못한 세상이었고, 돌봄을 하지 않으면 느끼지 못할 감정이었다. 이런 대화를 나누는 데 참 오랜 시간이 걸렸다.

3년 전, 나는 이런 대화를 나누고 싶었다. 아픈 아버지를 돌보는 일은 늘 나를 압도했다. 돈, 일, 질병, 돌봄 때문에 일상은 자주 휘청거렸다. 이런 문제를 개인이 혼자 다 감당하는 게 맞는 걸까? 이런 일을 나만 겪는 걸까? 아픈 가족을 돌보는 청년들을 만나 서로 경험을 맞대고 싶었다. 모임도 만들려 했다. 주민센터, 보건소, 대학 병원 로비를 쏘다녔다. 연락처와 주소를 담은 명함을 찍어 여기저기 뿌리고 다녔다. 그렇지만 '아픈 가족을 돌보는 청년'의 그림자도 보지 못했다. 어쩌다 연락이 닿아도 대개 만나고 싶어하지 않았다. 아픈 가족을 돌보는 일은 애써 드러낼 필요가 없는 집안 사정 정도로 여겨지는 듯했다. 그렇게 모임은 실패했다.

나부터 솔직해지자는 생각이 들었다. 젊어서 아픈 가족을 돌보는 이의 이야기는 세상에 잘 드러나지 않는 목소리였다. 그래서 《아빠의 아빠가 됐다》를 썼다. 읽는 이가 자기 경험을 비춰서 볼 수 있는 거울 같은 책이 되기를 바랐다. 그러려면 투명해야 했다. 솔직하게 쓰기. 책을 쓰는 내내 나를 갈고 닦은 말이었다. 내 이야기로 먼저 말을 건다면 비슷한 일을 겪은 다른 이들이 다가오지 않을까 하는 기대를 품었다.

—

책은 곧바로 다양한 만남으로 이어졌다. 이메일, 사회관계망 서비스SNS, 강연장에서 돌봄 경험을 나누는 이들을 만날 수 있었다. 지난 2년 동안 내가 만나려던 청년 세대뿐 아니라 청소년, 중장년, 노년까지 여러 세대하고 이야기를 나눴다. 그중 청소년기와 청년기의 가족 돌봄 경험에 집중해서《새파란 돌봄》을 썼다.

'새파란 돌봄'이라는 제목은 두 가지 뜻을 담고 있다. 매우 젊다는 뜻의 '새파랗다'와 새로운 물결을 뜻하는 '새로운 파란'이다. '새파랗다'는 '영 케어러^{Young Carer}'를 가리킨다. 영 케어러는 만성적 질병이나 장애, 정신적 문제, 알코올이나 약물 의존 등을 겪는 가족을 돌보는 18세 미만의 아동이나 젊은 사람을 부르는 말이다. 이미 일본, 영국, 오스트레일리아 등에서는 아픈 가족을 돌보는 청소년이나 청년을 영 케어러라고 부르면서 사회적 지원을 하거나 논의 중이다.

지금까지 청소년기나 청년기에 아픈 가족을 돌보며 학업이나 취업을 준비하거나 생계를 꾸려야 하는 어려움을 설명할 마땅한 언어가 없었다. 효자, 효녀, 소년 소녀 가장 등 고통을 사적 영역에 가두거나 시혜적으로 바라볼 뿐이었다. 마땅한 언어가 없는 고통은 소통도 쉽지 않고 이해도 어렵다. 고통을 더하는 고립감만 찾아든다. 나 혼자만 겪는 듯한 고통에 이름이 생긴다면 어떨까? 사회적으로 부르는 말이 생기면 적어도 고립감은 피할 수 있지 않을까?

고통에 붙일 이름을 찾으려고 10대 중반부터 40대 후반까지 연령과 성별이 다른 당사자 7명을 인터뷰했다. 뇌출혈, 인지 저하, 조현병, 알코올 의존, 암 등 돌봄을 시작하게 된 계기도 다르고, 한부모 가정, 조손 가정, 4인 핵가족까지 가족 구성도 다양하다. 경제적 수준도 제각각이지만 돌봄이 시작된 뒤 삶의 위기가 찾아온 점은 닮아 있다. 돌봄 이야기는 자기뿐 아니라 다른 가족까지 연루될 수밖에 없기 때문이다.

돌봄에 관해 말하려면 자기뿐 아니라 다른 가족들의 이야기까지 할 수밖에 없다. 모든 가족 구성원이 돌봄에 직간접으로 연루돼 있다. 그러므로 돌봄뿐 아니라 돌봄에 관해 말하는 데에도 2인분, 3인분의 책임이 따른다.

가족들 사이에는 당장에 좁힐 수 없는 각자의 처지가 있고, 어떤 이는 지독한 악역으로 등장한다. 혹시나 있을 피해를 막으려 인터뷰는 모두 가명으로 진행했다. 2020년 11월에서 2021년 5월까지 직접 만났고, 틈틈이 통화하거나 만나서 2022년 1월까지 내용을 보완했다. 매순간 솔직하게 이야기해준 인터뷰이들에게 다시 한 번 고맙다는 말을 전한다.

—

우리는 성희, 푸른, 희준, 아름, 형수, 경훈, 서진을 만난다. 성희, 희준, 서진은 《아빠의 아빠가 됐다》 북 토크에서 만났다. 북 토크를 하다가 질문하거나 끝나고 책에 사인을 할 때 자기가 누군가를 돌본 사실을 말했다. 푸른과 형수는 어느 청소년 기관에서 소개받았다. 평소에 자기를 둘러싼 상황을 청소년 기관 실무자에게 잘 알린 덕분이었다. 아름은 아는 사람을 거쳐 만났다. 경훈은 다른 모임에서 만나 알고 지내는 사이였다. 내가 책을 쓰기 전까지 우리 둘은 가족을 돌본다는 사실을 서로 알지 못했다. 아버지를 돌본 이야기를 책으로 쓰고 있다고 내가 사람들 앞에서 말한 뒤에야 경훈도 할머니를 돌보고 있다는 사실을 말했다. 아픈 가족을 돌보는 청년은 그렇게 가까이 있었다.

일곱 명이 들려준 이야기를 글로 쓰면서 나는 두 가지에 주의했다. 10대 시절이나 30대 초반에 가족 돌봄을 하면서 겪은 고통과 피해의 양상을 그리는 한편, 돌봄을 지속할 수 있던 힘과 돌봄을 하면서 배우고 성장한 바를 꼭 기록하려 했다. 우리는 어떤 일이든 슬픔과 기쁨, 고통과 보람을 함께 겪는다. 다만 한 감정을 압도하는 다른 감정이 있을 뿐이다. 돌봄 경험도 마찬가지다. 슬픔과 고통만 있을 리 없다. 누군가 돌보며 느낀 기쁨, 보람, 배움도 분명 존재했다. 그런 감정은 삶을 지속하는 중요한 연료다. 돌봄을 삶으로 긍정하기 위해 절대 놓치면 안 되는 요소들이라고 생각했다.

서진 이야기를 뺀 다른 이야기들은 《오마이뉴스》에 '조기현의 영 케어러'라는 이름으로 연재했다. 연재를 할 때는 이야기를 제대로 소화하지 못했다. 허겁지겁 마감을 한 느낌을 떨칠 수 없었다. 각자가 겪은 위기를 어떤 관점으로 봐야 하고 문제를 해결하려면 어디에 집중해야 하는지를 제대로 쓰지 못한 나를 자책했다. 책으로 다시 쓰면서 보완하려 노력했다. 함께 곱씹으며 더 나은 방향을 모색할 수 있는 질문을 구성하고 싶었다. 일곱 사람이 돌봄을 이어간 힘과 그 과정에서 얻은 배움에 많이 의지했다. 나 혼자라면 미처 하지 못할 질문들을 이 일곱 사람하고 함께 힘껏 던질 수 있었다. 질문은 영 케어러의 경험에서 시작하지만 결국 아픈 가족의 곁을 지키는 '비공식 돌봄' 전반을 둘러싼 고민으로 확장한다.

나는 청년, 가족, 돌봄, 질병, 복지 등을 교차하며 마주하는 한국 사회의 모습을 똑바로 응시하려 했다. 그래야 우리가 어디부터 어떤 방식으로 돌봄 사회를 만들지 구체적으로 이야기할 수 있기 때문이다. 책의 제목인 '새파란 돌봄'의 또 다른 뜻인 '새로운 파란'은 바로 이런 의지를 담은 말이다. 일곱 사람의 이야기가 단지 영 케어러라는 사회적 약자를 가시화하는 데만 머물지 않기를 바랐다. 돌봄의 새로운 물결을 만들지도 모를 이야기들이기 때문이었다.

무엇보다 일곱 사람의 이야기가 '영Young'과 '케어Care', 또는 생산과 재생산이 충돌하면서 발생하는 삶의 문제를 다룬다는 점이 중요하다. 우리는 흔히 청소년기나 청년기에 생산적인 일을 해야 한다고 여긴다. 그렇지만 우리가 만날 영 케어러들은 이 사회에서 비생산적으로 여기는 일, 곧 아픈 가족 돌보기를 한다. 우리는 이런 상황에서 두 가지 질문을 던질 수 있다.

청소년이나 청년이 하는 돌봄은 생산성을 빼앗기는 손실일까, 아니면 지금까지 돌봄 하는 사람을 저평가한 맥락을 반성해야 할까? 돌봄을 하지 않는 사회가 좋은 사회일까, 아니면 돌봄 하는 삶이 손해 안 보고 불행하지 않는 사회가 좋은 사회일까?

많은 이들을 만나 이 두 질문 사이를 오가며 이야기하고 싶다. 영과 케어, 생산과 재생산 사이를 오가는 물결이 일어나기를 바란다. 우리에게 새파란 돌봄이 왔다.

1장

'정상 가족'을 찾는 벨소리

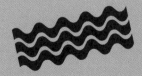

돌봄은 어느 날 갑자기 닥친다. 언제, 어디서, 누가, 어떻게 아플지 예고하지 않는다. 이 당연한 사실은 어느 날 갑자기 돌봄을 해야 하는 상황이 닥치기 전까지 실감나지 않는다. 누군가 쓰러지면 병원에서는 보호자를 요구한다. 보호자는 돌봄 받아야 하는 사람을 곁에서 돌보고, 치료에 관련된 중대한 사안을 결정하며, 무엇보다 병원비를 마련해야 한다. 의료, 복지, 보험 등 여러 행정 사이를 오가며 필요한 서류를 떼거나 내는 일도 보호자 몫이다.

보호자 구실은 대개 '가족'이 한다. 선택의 여지가 없다. 입원 절차나 수술부터 '가족 동의'가 필요하다. 진단서나 의무기록부 같은 의료 기록도 '가족 관계 증명서'를 제출할 수 있는 사람이 쉽게 접근한다. 어느 날 갑자기 울리는 휴대폰 벨 소리에서 이런 과정을 유추할 수 있는 사람이 얼마나 될까?

모르는 사람이 건 전화

다음날 출근을 준비하던 일요일 저녁이었다. 내일 먹을 점심 도시락을 싸두고 이제 쉴 일만 남겨둔 오후 다섯 시, 전화가 왔다. '051'이라는 지역 번호가 떴다. 성희에게는 낯선 지역이었다. 선뜻 받을 수 없었다. 휴대폰은 지치지도 않고 계속 울려댔다. 성희는 머릿속을 샅샅이 뒤지기 시작했다. 지금 이 시간의 평온을 위협할 만한 일이 무엇이 있을까.

부재중 전화가 몇 통 찍히고, 오랜만에 친척 오빠도 전화를 했다. 모르는 번호에서 아는 번호로 이어지는 전화들은 뭔가 큰일을 직감하게 했다. 문자가 왔다. '너희 아빠가 뇌출혈로 의식 불명이야. 전화 받아봐.' 3년 만에 들은 아빠 소식이었다. '아, 아빠가 쓰러졌구나.' 낯선 사실을 천천히 받아들였다.

다시 전화가 왔다. 전화를 받자마자 모르는 사람은 화부터 냈다. 왜 전화를 빨리 안 받느냐고 했다. 부산에 있는 대학 병원 원무과 직원이었다. '아빠'가 의식 불명인데 '딸'이 전화를 받지 않는다면 마땅히 혼나야 하는 걸까. 연 끊고 산 아빠 이야기를 구구절절 할 수도 없는 노릇이었다. 성희는 그저 알겠다고 답했다.

부산 가는 기차에 몸을 실었다. 아빠의 마지막을 함께하려는 생각이었다. 내일 출근해서 먹으려던 점심 도시락과 평온한 일상을 서울에 잠시 두고 다녀올 참이었다. 애인에게도 잘 다녀오겠다는 인사를 전했다.

"부산에 간 이유는 '아빠를 살려야겠다' 이런 마음보다는, 정말 솔직히 얘기하면 아빠가 죽었거니 생각하고 '내가 그래도 마지막 모습을 봐야지'라는 마음이었어요. 그런 마음으로 바로 옷을 입고 서울역에 가서 케이티엑스 티켓을 끊었죠. 친척 분들도 다들 아빠가 죽었다고 생각하고 온 것 같았어요. 병원에서 전화로 상태를 정확히 알려주지 않으니까요. 그렇게 해서 그날 아빠를 봤죠. 누워 있는 아빠를. 정말 오랜만에."

흙탕물 같은 일상

일과 삶의 균형을 갖춘 1인분의 삶. 성희가 보내는 일상에 꼭 맞는 말이었다. 디자이너로 경력도 잘 쌓아왔다. 열심히 한 만큼 알맞은 보상도 뒤따랐다. 맥주, 농구, 독서, 산책이 일상을 풍성하게 채워줬다. 모자람 없는 1인분을 사는 30대 초반이었다.

이제 성희는 일상이 '흙탕물'로 느껴진다. 아빠의 보호자로 불려 나간 이후부터 그렇다. 흙탕물은 맑아 보여도 한 번 휘저으면 가라앉은 흙이 떠오르면서 금세 탁해진다. 시간이 지나 서서히 흙이 가라앉으면 물은 다시 맑아 보인다. 맑은 물이 아니라 맑아 보일 뿐이다. 성희에게는 일상이 꼭 그렇다. 맑아 보이기만 할 뿐, 언제든 탁해질 수 있는 삶이다. '아빠랑 끊을 수 없는 연' 때문이다.

'무소식이 희소식이다.' 관계가 끊긴 가족의 소식을 알게 될 때처럼 이 말이 적절한 순간도 없다. 대부분 잘살고 있다는 소식이 아니기 때문이다. 병원에서 '보호자'를 찾거나, 복지 제도를 신청하려면 '부양 의무자'가 아니라는 사실을 증명하라고 알리거나, '가족'이 또 다른 죽은 '가족'의 시신을 인수할지 확인하려는 때가 그렇다. 소식을 전해야 하는 처지에서도 관계가 끊긴 가족에게 '강제로' 연락해야 하는 상황은 난처하기만 하다.

　이런 순간은 관계가 끊긴 가족을 둔 사람만 맞닥트릴까? 아니다. 우리가 모두 답해야 하는 질문을 품고 있다. '가족 보호자'라는 자리에 주목해보자. 혈연 또는 직계 가족이 아프거나 쓰러진 때 우리는 보호자 구실을 선택할 수 있을까? 이 사회는 보호자를 인정하고 존중하는가? 아니다. 우리에게 보호자 구실은 선택 사항으로 주어지지 않는다. 어쩔 수 없이 보호자 구실을 하게 되더라도 온 사회가 한마음 한뜻으로 방해하는 듯하다. 성희가 일상을 흙탕물로 여기게 된 이유가 바로 이것이다. 우리의 일상 아래에는 무엇이 잠복해 있을까.

자식이니까, 네가 해야지

3년 전, 아빠와 엄마는 이혼했다. 아빠는 늘 쉽고 빠르게 돈을 손에 넣으려는 사람이었다. 여러 직업을 전전하다가 한동안 운송 회사를 다녔다. 회사 돈을 만질 수 있는 위치에 올라가자 횡령을 했다. 그전까지 아빠가 사고를 치면 엄마가 수습했지만, 이번에는 그 정도로 안 되는 일이었다. 성희는 힘을 보태려고 집으로 향했다.

엄마는 지쳐 있었다. 아빠는 그런 엄마를 탓했다. 엄마가 해결해주지 않아서 문제가 생겼다고 여기는 듯했다. 그런 아빠 모습에 치가 떨렸다. 함께 해결하면 또다시 사고를 칠 게 뻔했다. 이혼밖에 길이 없어 보였다. 악순환을 끊는 유일한 대책처럼 보였다. 그래야 엄마도 더는 고생하지 않고 아빠도 스스로 잘살려 노력할 듯했다. 성희는 아빠를 붙들고 이혼을 설득했다.

이혼 뒤, 아빠는 교도소에 들어갔다. 할머니는 수감 중인 아빠에게 편지라도 쓰라고 재촉했다. 할머니 등쌀을 못이겨 몇 자 적을 때도 성희는 확고했다.

"제가 그렇게 편지를 썼어요. 연락하고 싶지 않고 얼굴 보고 싶지도 않다. 그냥 각자 자리에서 잘살자. 그러니까 연락이 안 왔어요. 연을 끊었죠."

중환자실에서 아빠를 다시 만났다. 의식 없이 누워 있는 아빠는 마지막 기억 속의 모습하고 많이 달랐다. 늘 옷을 깔끔하게 차려입고 향수까지 뿌리면서 집 밖을 나도는 사람이었다. 그러던 아빠가 깔끔하지 못한 모습으로 옅은 숨을 내쉬고 있었다. 미움을 덮을 만큼 연민이 밀려왔다.

거북한 감정이었다. 지난날 아빠가 한 행동들을 떠올리면 연민은 용납할 수 없었다.

지난 3년 동안 아빠는 어떻게 지냈을까? 왜 전주가 아니라 부산에 있는 걸까? 혹시 '억울한 사고'를 당해서 누워 있는 걸까? 아빠와 성희 사이에 비어 있는 시간만큼 채워야 할 질문들이었다. 답을 찾는 데는 오랜 시간이 걸리지 않았다. 병원비를 내려고 확인한 통장 내역이 그동안 아빠가 살아온 시간을 알려줬다. 어렵지 않게 도박과 유흥을 떠올렸다. 도박과 유흥을 즐기느라 아빠는 부산에 머물렀다. 통장에는 빚만 쌓여 있었다. 아빠는 자기 병원비를 낼 돈이 없었다.

"아빠가 통장에 돈은 없어도 빚이 적어서 다행이다 싶으면 또 빚 쌓인 게 발견돼요. 그 빚이 나한테 상속될지 모르는 미래가 무서운 거예요. 밤마다 늘 그 걱정 때문에 잠을 못 잤어요. 그래도 몇 억은 아니고 2000만 원쯤 되니까, 내가 지금까지 일한 거 어떻게 하면 갚아줄 수도 있는 돈이라고 생각해요. 그렇게 해서 연을 끊을 수 있다면, 갚을 수 있어요. 그런데 카드 내역에 그 돈으로 도박하고 술 먹고 여자들한테 돈 주고, 그걸 보니까 그 마음도 싹 사라지더라고요."

밤 11시가 가까운 병원 로비는 고요했다. 듬성듬성 켠 형광등 불빛 아래 친척들이 모였다. 담당 의사는 곧 수술을 해야 할지도 모른다고 말했다. 아빠의 마지막을 함께 하려고 했는데 아직 때가 아니었다. 지금부터 '보호자'라는 무거운 짐을 짊어질 사람을 뽑아야 했다. 아빠를 떠맡고 싶은 사람은 없었다.

침묵 끝에 큰아빠가 먼저 말을 꺼냈다. 이런저런 조언을 하더니 성희를 지목했다.

"자식이니까 네가 해야지."

고모는 자기가 맡고 싶지는 않아도 도움을 청하면 도울 기세였다. 이혼한 엄마는 딸들이 고생하니까 뭔가 하고 싶어도 직접 나서서 할 수 있는 게 별로 없었다. 아빠와 엄마는 아무런 '법적' 관계도 아니었다. 무엇보다도 엄마가 아빠하고 살면서 겪은 고생을 생각하면 이런 일까지 맡길 수는 없었다.

할머니는 아들을 걱정하면서도 병원비 얘기가 나오면 바로 돌아섰다. 여든 넘은 노모가 거주지인 전주와 병원이 있는 부산을 쉽게 오갈 수도 없는 노릇이었다. 동생은 아직 얼떨떨해하며 한발 물러섰다. 성희도 동생이 그러기를 바랐다. 동생에게는 아빠가 도박과 유흥에 빠진 사람보다는 그저 아빠로 남았으면 했다.

'나밖에 없다.'

눈 한 번 딱 감고 도망치고 싶었다. 아빠의 보호자라는 자리를 떠맡는 일은 고역이지만, 피하는 것도 고역이었다.

죄책감이 질기게 따라다닐 듯했다.

"최소한의 조치를 취하자."

눈앞의 현실과 마음속 죄책감이 타협한 결과였다. 아빠가 치료를 받고, 병원비를 내고, 퇴원만 하면 모든 게 다시 제자리로 돌아올 수 있지 않을까. 벌써부터 모르는 전화를 받기 전의 일상이 그리웠다.

회사에 이틀 휴가를 냈다. 아빠 일 때문에 휴가를 많이 쓰고 싶지 않았고, 회사에 구구절절 사정을 말하기도 내키지 않았다. 아빠가 병원에 입원한 딸에게 동료들은 쾌유를 비는 위로를 할 수 있을 뿐이었다. 성희는 '보통' 부녀로 오해받고 싶지 않아서 입을 꾹 다물었다. 그렇지만 이틀 만에 해결할 수 있는 문제가 아니었다.

배낭 메고, 서류 들고

아빠가 뇌수술을 마쳤다. 병원비는 700만 원 가까이 불어났다. 중환자실에서 일반 병실로 옮기는 일부터 걱정이었다. 일반 병실은 상주하는 간병인이 필요했다. 처음에는 병원에 '간호·간병 통합 서비스'가 운영되고 있다는 사실에 안도했다. '간호·간병 통합 서비스'는 이름 그대로 간호와 간병을 함께 받는 서비스이지만, 아빠 같은 중증 환자는 이용할 수 없었다. 곁에서 줄곧 간병할 사람도 없고 병원비도 한 푼 없는 상황에서 하루 10만 원이 넘는 간병인을 고용해야 할지도 몰랐다. 빨리 돈을 마련해야 했다.

"저는 계속 배낭을 메고 다녔어요. 아빠 서류, 가족 관계 증명서 다 준비하고. 주민센터가 아홉 시에 여니까, 여덟 시 50분쯤부터 기다리고 있었어요. 그렇게 살았어요. 처음에는 진단서나 가족 관계 증명서가 계속 필요하다는 걸 모르고 한 장씩 뗐어요. 진단서 다시 떼러 서울에서 부산 왔다갔다하고 그랬죠."

행정 절차는 미로 같았다. 300만 원을 지원받을 수 있는 '긴급복지 의료지원'을 신청하려고 했지만, 아빠가 들어둔 실비 보험 때문에 신청하지 못했다. 실비 보험을 청구해서 보험금을 받을 수도 없는 상황이었다. 보험금을 받을 수 있는 아빠 명의 통장이 빚 때문에 모두 압류된 상태였다. 성희 명의인 통장으로 받을 수 있는 방법도 마땅치 않았다. 이런 문제를 해결하는 손해사정사에게 의뢰했지만, 전문가조차 보험금 한 번 받아내고는 쉽지 않다면서 손을 뗐다.

아빠 재산을 처분하는 방법이 가장 확실했다. 아빠 명의로 된 차를 처분하려면 '인감 증명서'가 필요했다. 인감 증명서를 떼러 주민센터에 갔지만, 아빠가 쓰러져 의식이 없다고 말하니까 발급을 거부당했다. 부모가 쓰러진 틈을

타 재산을 노리는 자식 취급을 받았다. 성희는 바로 옆 주민센터에 가서 아빠가 쓰러진 사실을 말하지 않고 인감 증명서를 요청했다. 아빠를 대신해서 온 '착한 딸'처럼 보이려 노력했다. 그제야 인감 증명서를 손에 쥐었다.

차를 팔아도 병원비를 다 막을 수 없었다. 마지막으로 국민 기초생활 보장제의 '의료 급여'를 신청해봐야 했다. 의료 급여가 되면 아빠는 앞으로 불어날 병원비의 90퍼센트를 보장받았다. '부양 의무자 기준'이라는 문턱은 있었다. 부양을 할 책임을 배우자나 직계 가족에게 맨 처음 부과하는 기준이다. 그렇지만 성희네 가족은 이미 3년 전에 해체됐다. '가족관계 해체 사유서'로 부양 의무가 없다는 사실을 증명하면 될 일이었다. 아빠의 의료 급여를 신청하려 한다고 말하니까 담당 공무원이 물었다.

"정확히 가족이 어떻게 해체됐는데요?"

"평생을 여기서 다 말해요? 그러면 해주는 거예요?"

성희는 언성이 높아졌다. 간단하게 대답할 수 없는 질문을 무심하게 던지는 모습이 오히려 말도 꺼내지 못하게 했다. 담당 공무원은 차분하게 대답했다.

"아빠 일로 주민센터에 와 있는 것만으로는 가족 해체 사유로 받아들여지지 않아요."

네 고통은 내 알 바 아니라는 완고함 앞에서 성희는 할 수 있는 일이 없었다. 주민센터를 빠져나와 홧김에 '호적

파는 방법'을 검색했다. 호적을 팔 수 있는 방법은 없었다. 성희의 삶을 설명할 길도 이 세상에 없었다.

2020년 8월 10일 '제2차 기초생활보장 종합계획(2021~2023)'이 발표됐다. 문재인 대통령은 한 사람의 빈곤을 가족에게 떠맡기는 부양 의무자 기준을 임기 안에 완전히 폐지하겠다고 공약했다. 그렇지만 이 종합계획에는 의료 급여의 부양 의무자 기준을 폐지하는 계획이 담기지 않았다. 의료비가 없는 아픈 사람을 지원하는 재난적 의료비 지원, 긴급복지 의료 지원, 차상위 계층 의료 지원 등 여러 정책이 있지만, 그마저 받지 못한다면 의료비를 내야 하는 첫 책임이 여전히 가족에게 있다. 최소한 2023년까지 의료 급여 부양 의무자 기준은 그렇게 작동한다.

"너무 갑자기 이런 일들을 겪으니까, 아빠가 아니라 내가 사고를 당한 기분인 거예요. 그런 생각 진짜 많이 했는데, 가진 돈 다 털고 그냥 외국에 가버릴까. 지금이라고 발 빼고, 모른 척하고, 내가 나쁜 년 돼버릴까. 천하에 패륜아가 돼버릴까. 근데, 그냥 도망칠 수 없었어요."

다양한 가족의 모습, 너무 단순한 제도

성희는 처음 '수술 동의서'에 사인할 때만 해도 곧 끝이 다가온다고 생각했다. 수술 뒤에 마주한 아빠의 머리는 부어오른 채였다. 뇌수술 뒤 아빠는 좋은 회복세를 보였고, 의사는 재활 치료를 정성껏 하면 스스로 생활할 수 있을 정도로 되돌아온다며 안심시켰다. 6개월 뒤 왼편 두개골을 닫는 수술도 해야 했다. 그런 말을 듣는 순간, 이제까지 성희를 지탱하던 동기가 무너졌다. 수술 잘하고 병원비만 마련하면 '최소한의 조치'가 끝날 줄 알았다. 한번 시작한 보호자 구실은 계속 부풀어 올랐다.

"병원에서는 환자의 생존과 건강을 위해서 최선의 결과를 내려고 하잖아요. 근데 수술 이후에 비용이나 재활을 도와야 하는 사람이 있어요. 의사는 제가 그런 일을 하는 '정상 가족'으로 봤고, 두개골을 여는 수술을 하면 당연히 뼈를 닫는 수술도 할 거라고 생각했죠. 저는 그 수술이 그렇게 큰 수술인 줄 몰랐어요. 만약 알았다면, 돈이 덜 들어가고 천천히 결과를 지켜볼 수 있는 선택지를 찾았을 거예요. 병원에서는 내가 이 사람하고 어떤 환경에서 자랐는지 모르잖아요. 제가 거기 간 이유는 아빠 핸드폰에 '첫째 딸'이라고 저장돼 있어서예요. '네가 가족이니까 무조건 해야 돼'라는 압박 때문에 아빠를 더 미워하게 된 것 같아요. 만약에 선택할 수 있었으면 어땠을까 싶어요. 가족과 인간의 모습은 다양한데, 제도는 너무 단순해요. 문제를 해결하려면 기준이 있어야 하겠지만, 기준이 단순하니까 내가 그 기준에 맞지 않으면 '비정상'인 거 같은 느낌이에요."

'의료 현장에서 보호자 개념은 다양한 가족을 포함하고 있는가?' 사회건강연구소가 2019년에 낸 연구 보고서의 제목이기도 한 이 질문은 '정상'과 '비정상'을 나누는 병원의 '관행'을 비판한다.

병원은 '가족 보호자'를 요구한다. 문제는 법적 가족이 아닌 동거 가족이나 동성 커플은 보호자가 될 수 없다는 점이다. 누군가 아파서 병원에 입원할 때 곁에 있는 사람이 법적 가족이 아니면 면회, 수술 동의, 간병, 임종과 장례 과정에서 아예 배제되거나 참여를 제한받는다. 심지어 아픈 당사자가 죽은 때 곁을 지킨 사람이 있는데도 법적 가족이 아니라며 무연고자로 처리되기도 한다. 1인 가구를 배제하는 사례도 허다하다. 혼자서 치료받고 수술할 수 있는데도 병원에서는 '가족 보호자'를 데려오라고 요구한다. 환자의 자기 결정권을 침해하는 대표적 사례다.

병원은 '법적' 가족을 보호자로 요구하지만, 정작 그런 요구에는 '법적' 근거가 없다. 의료법에 '보호자'가 자주 등장하지만 보호자의 자격이나 범위는 규정돼 있지 않다. 그런데도 이런 요구가 계속되는 이유를 몇 가지 추려보자. 의료법 제17조에 따르면 진단서나 처방전 발부는 환자 본인 말고 친족만 가능하다. 친족이 아닌 타인에게 질병 정보를 공개할 수 없다. '가족 보호자'를 요구하는 대표적인 서류인 '수술 동의서'는 의료법에 명확한 규정이 없지만 의료 분쟁이 벌어지면 병원 쪽에 유리한 자료가 될 수 있다. 몇몇 병원은 가족을 입원 약정서의 '연대 보증인'으로 세워 병원비 떼일 걱정을 줄인다. 병원이 해야 하는 여러 가지 업무에서 드러나는 공백을 메우는 노동을 '가족 보호자'가 하기도 한다. 무엇보다 '가족 보호자'는 '보호'란 '가족'의 당연한 의무라는 통념에 기대어 유지된다.

이 모든 일이 그저 '관행'일 뿐이다. 보호자 구실을 꼭 가족이 해야 하는 이유는 없다. 얼마든지 다른 방법을 찾고 마련할 수 있다. 이런 관행은 '환자 중심 사고'가 아니라 '의료현장 편의성 중심'이며, 앞으로 '가족 중심의 보호자 개념'은 '환자 중심 보호자 개념'으로 바뀌어야 한다.[*]

의료 현장에서 보호자 개념은 다양한 가족을 포함하고 있을까? 성희의 자리는 어디쯤일까? 병원에 무작정 불려간 '연 끊은 가족'의 처지도 이런 질문에 포함시킬 수 있을까? 환자의 '자기 결정권'을 말할 때 반드시 고민해야 하는 문제다. 보통 환자의 자기 결정권을 치료 의사에 좁혀서 생각하지만, 이제 좀더 넓게 생각해야 한다. 치료받는 데 필요한 행정, 간병, 수납 등을 '가족 보호자'가 다 떠맡는 상

[*] 공선영·박건·정진주, 〈의료현장에서의 보호자 개념은 다양한 가족을 포함하고 있는가?〉, 사회건강연구소, 2019.

황을 환자가 원하지 않는다면, 이런 일 또한 환자의 자기 결정권 침해로 볼 수 있다. '보호'가 '가족'의 당연한 의무라는 통념을 버려야 한다. 그렇다면 환자가 의식이 없다는 이유로 관계 끊긴 가족을 무작정 불러내는 관행은 어쩔 수 없는 일이 아니다. 한 남성은 3년을 헤어져 지낸 '딸'이 보호자가 돼 돌아온 사실을 당연하게 받아들일까? 보호자가 없어도 한 '개인'으로 온전하게 치료와 돌봄을 받을 수 있는 방법을 고민해야 한다.

파도치는 방향을 맞춰

대학 병원에서 2주 동안 이어진 치료가 끝났다. 아빠가 요양 병원으로 이동하는 날, 맡아줄 사람이 없었다. 성희는 회사 일을 더는 미룰 수 없었고, 다른 친척들도 시간이 맞지 않았다. 엄마에게 부탁하는 수밖에 없었다. 엄마와 아빠는 앰블런스 안에서 오랜만에 재회했다. 성희가 가장 원하지 않은 상황이었다.

그 뒤 1년 3개월이 지났다. 성희는 다시 1인분의 삶을 성실히 살고 있다. 아빠는 요양 병원에 입원해 있다. 간단한 일상생활은 할 정도로 몸이 회복됐다. 매달 5일마다 성희에게 병원비 수납 안내 문자가 온다. 그 돈을 입금하는 일이 성희가 보호자로서 하는 유일한 의무다.

지금 아빠는 기초 생활 수급자가 됐다. 엄마가 아빠하고 이혼할 때 쓴 '이혼 사유서'로 '가족관계 해체 사유서'를 대신했다. 국가는 아빠가 평생 얼마나 무능한 사람인지 증명한 뒤에야 가족 해체를 인정했다.

이따금 아빠를 찾는 고모가 부기 빠진 아빠의 두개골이 움푹 패여 보기 흉하다고 전해준다. 성희는 그런 아빠를 보면 또다시 거북한 연민이 밀려올 듯해서 애써 병원을 찾지 않는다. 되도록 마주하지 않아야 마음이 편하지만, 때때로 거리에서 아빠를 발견하기도 한다. 아빠하고 체형이 비슷한 사람을 보면 깜짝 놀란다. 그 사람의 걸음이나 몸짓을 찬찬히 들여다본다. '아빠가 잘살았다면 저렇게 살지 않았을까?' 그렇게 아빠에게도 삶이 있다는 당연한 사실이 떠오른다. 정성 들인 재활 치료를 받으면 그 삶이 회복될 수도 있겠지만, 성희는 아빠의 삶을 위해 자기를 희생하고 싶지는 않다.

얼마 전, 7년 동안 만난 애인하고 헤어졌다. 성희가 아빠의 보호자가 된 뒤부터 갈등이 점점 심해졌고, 좀체 가라앉을 기미가 보이지 않았다. 아빠의 보호자 노릇을 하면서 겪은 일들이 이별을 하는 직접적인 계기가 됐다. 성희도 난생처음 겪는 일이었고, 성희하고 똑같이 이제 30대 초반인 애인에게도 멀게 느껴졌다. 성희가 겪는 고통 앞에서 어떤 말을 해야 하는지, 무엇을 나눠질 수 있는지 알지 못했다.

언젠가 다시 연애를 한다면, 성희는 자기 처지를 말할 수 있을지 모르겠다. 그 애인이 어떤 반응을 보일지 두렵다. 괜히 가족 사정을 시시콜콜 털어놓다가 이해도 못 받은 채 헤어질지 모른다고 생각하면 마음을 닫는 쪽이 차라리 속 편하다.

헤어지기가 힘은 들지만, 한편으로 마음 안 맞아서 건강하게 헤어지는 상황은 '행운'이라고 느껴졌다. 이별의 고통은 '비정상'으로 취급받지는 않았다. 아빠의 보호자가 돼 '비정상' 취급을 받으면서 괴로워한 기억에 견주면, 이별은 그나마 '정상'적인 고통 같았다. 상대방의 존재를 서로 인정해야만 이별도 할 수 있기 때문이다. 보호자로서 겪은 고통은 존재 자체가 부정당하는 데 가까웠다.

보호자는 왜 존재를 부정당할까? 성희가 존재를 부정당한 원인은 한국 사회가 '가족'에 부여한 속성에서 찾을 수 있다. 가족에 많은 책임과 권한을 전가하면서 뒤따르는 부작용 또한 가족에 전가한다. 성희가 거친 행정 절차만 봐도 그렇다. 병원은 가족 보호자를 찾고 공공 기관은 부양 의무자를 찾는다. 그토록 가족의 의무를 강조하면서도 인감 증명서를 발급받거나 재산을 처분하거나 보험금을 청구할 때는 의심의 대상이 된다. 가족의 책임과 권한을 활용해 부모 재산을 노릴 수도 있기 때문이다. 그렇지만 성희가 아빠의 딸이어서 받을 수 있는 재산은 빚 2000만 원뿐이다. 돌봄과 부양에서 가족의 책임이 한계에 다다른 곳에 성희가 있었다.

성희는 애초에 아빠가 쓰러지지 않을 길은 없었는지 자문해본다. 어렴풋이 떠오른 장면은 10년 전 어느 날이었다. 아빠는 대학생이던 성희를 데리고 편의점으로 갔다. 함께 먹을 아이스크림을 골라 편의점 앞 테이블에 앉았다.

"아빠가 자기 살아온 얘기를 그때 처음 해준 거 같아요. 자기가 고등학교 때 유망한 축구 선수였는데 다쳐서 축구도 못 하고 대학도 못 갔다, 그래서 생활 전선에 뛰어들었고 큰아빠랑 어떤 일들을 했다, 이런 것들을 다 얘기했어요."

술에 잔뜩 취해 매번 햄버거를 사오는 모습으로 겨우 감정을 드러내던 아빠가 술도 안 마시고 솔직하게 자기를 드러냈다. 성희는 아빠라는 한 사람의 삶이 시시해 보였다. 무기력한 자기를 합리화하는 말처럼 들렸다. 그때 솔직하게 소통하려던 시도가 성공했다면, 아빠는 조금 달라졌을까. 부산에서 도박장과 유흥가를 떠도는 일도, 의식을 잃고 쓰러지는 일도, 가족들에게 불행을 선사하는 일도 벌어지지 않을 수 있었을까.

아빠에게 '가족'은 자기가 쓸모없는 사람이라는 현실을 상기시켰다. 집안의 중심은 늘 엄마였다. 돈을 버는 사람도 엄마이고 성희와 동생을 돌본 사람도 엄마였다. 아빠는 마땅한 자리를 찾지 못한 채 떠돌았다. 술을 잔뜩 마시면 가족들에게 전화해서 외롭다는, 죽고 싶다는 말을 반복하면서 가족들의 관심을 갈구했다.

한 남성은 정상 가족이라는 틀 안에서 아빠라는 정체성을 부여받지만 막상 남성 생계 부양자 구실을 제대로 해내지 못하는 간극 속에 살았다. '아빠'이기 이전에 한 '개인'으로 자기를 마주한 채 다른 사람들하고 관계를 맺을 수 있었으면 어땠을까. 성희는 아빠와 자기가 같은 조건 속에 있다는 느낌을 받았다. 가족 보호자건 남성 생계 부양자건, 가족 안에서 강제로 부여된 구실 때문에 고통받는 점은 닮아 있었다.

"제가 일궈놓은 기반이 있고 지켜온 삶의 기준이 있는데, 아빠라는 사람 때문에 다 무너질 수 있다는 절망감이 들었어요. 내 기반이 없어지는 느낌이 곧 아빠를 향한 분노가 됐죠. 나 혼자서 바꿀 수 없는 운명이나 시스템이 많다는 걸 알 수 있었어요. 그 상황이 꼭 파도 같았어요. 제가 바다에 들어가면 파도의 방향을 바꿀 수 없잖아요. 처음에는 무조건 아빠랑 관계를 끊고 벗어나야겠다 싶었는데, 그럴 방법이 없으니까 그냥 그 파도 안에서 '내가 할 수 있는 최선의 선택을 하자'라고 느낀 거 같아요. 힘을 빼고 받아들여야 되는 거죠. 어떻게 보면 지금 의연해진 것 같기

도 하고, 의연한 척하고 있는 것 같기도 해요. 언제 또 흙
탕물이 될지 몰라요."

강제로 떠맡는 사랑은 그만

우리가 처음 나눈 질문을 다시 꺼낼 때다. 가족이 아프거
나 쓰러진 때 우리는 보호자 구실을 선택할 수 있을까? 이
사회는 보호자를 인정하고 존중하는가? 이 질문에 '그렇
다'고 답할 수 있다면, 어느 날 갑자기 울리는 전화벨은 불
행 속으로 강제로 끌려 들어가는 신호음이 아닐 수 있다.

성희는 엄마에게 돌봄이 필요할 때는 기꺼이 보호자가
되고 싶다. 그건 온전히 마음이 선택한 일이다. 돌봄을 사
랑의 다른 이름으로 부르는 사람도 있다. 그렇지만 사랑을
강제로 떠맡는 경우는 없다. 대등한 관계에서 개인과 개인
으로 나눌 수 있어야 사랑이다. 돌봄을 가족 책임으로 두
지 않는다는 말은 그런 의미다. 돌봄은 일상을 뒤흔드는
'사고'가 아니라 '사랑'이 될 수 있어야 한다. 우리에게 '간병
을 선택할 자유'와 '보호자에 관한 보호'가 보장된다면, 어
느 날 갑자기 울리는 전화벨은 마음을 연결해주는 신호음
이 된다.

2장

커튼이 된
아이

환자 한 명, 보호자 한 명 말고는 아무도 머물 수 없는 곳. 코로나19 팬데믹 한복판에서 1인 병실을 지배하는 규칙이었다. 의료진 말고 그곳을 드나들 수 있는 사람은 없었다. 친할머니는 요양원에 입소한 지 이틀 만에 발작을 일으켰다. 급히 대학 병원으로 옮겼고, 늘 그렇듯이 달려간 사람은 손녀 푸른뿐이었다.

할머니의 마음을 아는 유일한 사람

푸른은 할머니가 발작을 일으킨 이유를 아는 유일한 사람이었다. 11년 간 할머니를 돌본 푸른이 할머니의 마음을 모를 리 없었다. 할머니는 평소 요양원을 '죽으러 가는 곳'이라고 말했다. 늘 멀리하고 싶어한 곳에서 아침에 눈을 뜨는 기분은 어땠을까.

할머니의 의식은 켜지지도 꺼지지도 않은 상태였다. 푸른은 비몽사몽인 할머니의 입에 죽을 떠 넣었고, 하루 네다섯 번씩 배설물을 받았다. 할머니는 이틀 만에 회복세를 보였다. 빠른 회복만큼 병원비도 빠르게 불어났다. 80만 원. 푸른과 할머니의 수중에는 그만한 돈이 없었다. 할머니의 자식들에게 전화를 걸었다.

"나보고 어쩌라고? 병원비는 네가 어떻게든 내라."

할머니의 첫째 아들은 푸른에게 말했다. 대답할 새도 없이 전화가 끊어졌다. 다시 전화가 왔다. 첫째 아들의 아내였다. 전화를 받자마자 악에 받친 목소리가 들려왔다. 왜 할머니의 다른 자식들에게 먼저 연락하지 않느냐고 푸른에게 따졌다.

"왜 또 저러는 거야."

할머니의 자식들은 할머니가 발작을 일으킨 때 타박인지 한탄인지 모를 말들을 내뱉었다. 푸른은 그중에서도 첫째 아들 부부에게 책임을 묻고 싶었다. 형제 중에 경제적으로 가장 여유로우면서도 할머니에게는 한 푼도 쓰지 않으려는 모습에 오기가 생겼다.

푸른은 큰아빠에게 책임을 묻고, 큰아빠는 큰엄마에게 책임을 넘기고, 큰엄마는 다시 푸른에게 책임을 쥐여준다. 늘 이런 식이었다. 환자 한 명, 보호자 한 명 말고는 아무도 머물 수 없는 곳. 1인 병실에 오기 전부터 푸른과 할머니의 삶을 지배한 규칙인지도 모른다.

"누워 있는 할머니 모습이랑 큰아빠, 큰엄마의 행동이 겹치면서 할머니가 너무 불쌍해서 눈물이 나더라고요. 할머니를 이해할 수 있는 자식이 없다는 게."

열두 살에 시작한 돌봄

'가족같이 생각하고.' 한국 사회에서 타인을 존중하려 할 때 자주 쓰는 말이다. 타인의 권리를 인식하려 할 때도 '귀한 집 자식'이라거나 '○○○의 부모'라고 말해야 직관적으로 다가온다. 눈앞에 있는 한 '인간'은 가족이라는 틀 안에서 상상할 때 비로소 '사람'으로 보인다. '가족'이라는 틀은 한국 사회가 개개인에게 성원 자격을 부여하는 핵심적인 틀이었다. 지난날 한국은 빠른 근대화를 목표로 삼아 돌진하면서 개개인을 보호하지 않았다. 가족이라는 틀 속에 개인을 구겨 넣고 그 가족이 개인을 유지하게 만들었다. 그런 방식이 사회가 개개인을 직접 보호하는 쪽보다 자원이 덜 들어가기 때문이었다.

경제는 빠르게 성장했지만 부작용이 심했다. 가족 안은 닫힌 공간으로 바뀌어 폭력의 온상지가 됐고, 가족 밖은 아무 보호막이 없는 허허벌판이나 다름없는 세계가 됐다. 가족이나 가구 단위에 기반한 제도들은 가족을 통하지 않으면 신청조차 하지 못하는 사례가 허다하다. 누군가의 '가족'이 아니라 온전한 '개인'으로 존중받을 수 있는 제도와 문화가 부재한 셈이다.

돌봄과 부양이라는 문제는 가족이라는 틀의 안팎을 둘러싼 소외를 극명하게 보여준다. 푸른이 열두 살 때부터 돌봄을 하는 과정은 가족 안에서 벌어지는 소외의 과정이나 다름없다. 푸른에게 돌봄을 떠넘긴 쪽도 친척들이었고, 돌봄을 잘할 수 없게 방해한 쪽도 친척들이었다. 푸른의 이야기는 가족이 얼마나 폐쇄적이고 비민주적인 공간인지를 상기시킨다. 부양과 돌봄의 책임이 제대로 작동하지 않으면서도 여전히 단단하게 유지되는 가족이라는 틀을 어떻게 해야 할까.

머리가 고장난 할머니, 애착은 집착이 되고

"누구세요?"

어느 날 집에 들어오는 푸른과 동생에게 할머니가 편안하게 웃으며 물었다.

"애들은 언제 오지?"

손주들이 눈앞에 있는데도 할머니는 푸른과 동생을 기다렸다. 이제 열두 살과 열 살 난 아이들이 '치매'라는 단어를 알고 있었을까. 그저 할머니인데 할머니가 아닌 듯 행동해서 혼란스러울 뿐이었다. 푸른과 동생은 할머니가 다시 할머니처럼 행동하기를 기다리며 눈물만 쏟았다. 다음 날이 되니 할머니는 언제 그랬냐는 듯 아침밥을 챙겼다.

푸른은 일곱 살 무렵부터 할머니 손에 컸다. 아빠와 엄마가 갈라서면서 푸른과 동생은 아빠를 따라 할머니 집으로 들어왔다. 작은 거실에 방 한 칸 딸린 집이었다. 〈응답하라 1988〉에 나오는 덕선이네 집처럼 한 방에서 다 같이 먹고 자고 생활했다.

아빠는 건설 일용직으로 일하면서 전국의 공사장을 돌아다녔다. 집에 오는 날은 2주에 한 번이나 한 달에 한 번이었다. 임금을 받으면 하루 만에 술하고 맞바꾸는 날이 여럿이었다. 술을 잔뜩 먹고 싸움이 나서 경찰서에 불려 다니기도 했다. 할머니가 돈을 관리하려 해도 소용없었다. 아빠가 늘 돈 달라고 생떼를 부리는 바람에 제대로 모을 틈이 없었다. 푸른에게 아빠는 '아빠다운 모습을 보여주지 못한 사람'이었다.

아빠는 할머니를 귀찮아했다. 할머니에게 외로움은 일상이었다. 할아버지는 일찍 돌아가셨고, 다른 자식들 중에서 안부를 묻는 사람은 없었다. 할머니가 외로움을 호소할 수 있는 대상은 푸른뿐이었다. 외로움이 커질수록 푸른을 향한 애착도 커졌다. 푸른이 늘 곁에 있기를 바랐다. 집을 나설 때면 할머니는 푸른에게 상냥한 목소리로 물었다.

"빨리 들어와. 언제 올 거야?"

인지 저하가 시작된 할머니는 외로움에 더해 우울감까지 깊어졌다. 푸른을 향한 애착은 집착이 돼갔다. 할머니를 괴롭히는 외로움과 우울감은 부재중 전화가 돼 집 밖에 있는 푸른을 줄곧 따라다녔다.

어느새 할머니는 음식 만드는 법을 기억하지 못했다. 할머니가 평생 한 일이었다. 밥상을 차리느라 냉장고와 밥솥 사이에서 하던 일들이 떠오르지 않았다. 냉장고에서 꺼낸 식재료들이 밥솥 안으로 직행했다. 마구 뒤섞였다. 음식을 만들던 손이 음식물 쓰레기를 만드는 손으로 바뀌었다. 음식물 쓰레기를 치워야 하는 푸른도 힘들지만, 자기가 음식물 쓰레기를 만드는 이유를 모르는 할머니도 힘들기는 마찬가지였다. 할머니는 점점 말수가 줄었다.

"가끔 나갔다가 집에 들어오는 길이 너무 두려운 거예요. 문 열면 또 어떻게 해놨을까? 바닥에는 오줌이 얼마나 있을까? 어떤 음식물을 섞어놨을까? 냉장고나 서랍장을 못 열도록 다 테이프로 붙여놓고 나가는데도 다 음식물을 꺼내놓으니까요. 왜 그러느냐고 물어본 적은 없는 거 같아요. 속으로는 그렇게 생각한 거 같아요. 할머니는 어릴 때부터 할머니 남편 여의고 다섯 형제를 다 키우신 건데, 옛날 사람은 밥이 중요하잖아요. 습관처럼 뭘 해주려고 요리하는 느낌이랄까? 근데 머리가 고장나서 어떻게 할지 모르는 거예요. 속으로는 그렇게 이해하는데, 보면 화가 나죠. 뭐라고 하게 되고."

'엄마'를 외면하는 '할머니'의 자식들

"이게 무슨 치매야?"

할머니의 이상 행동을 맨 먼저 본 큰엄마가 처음 한 말이었다. 초기에는 인지 저하에 따른 행동과 평소에 하는 행동을 반복한다. 친척들은 두 모습 중에 자기들이 '믿고 싶은 모습'만 고집했다. 친척들이 평소처럼 행동하는 할머니 모습만 보려고 하니 푸른과 동생이 겪고 있는 혼란을 세상에 알릴 방법이 없었다.

푸른은 혼란을 짊어진 채 학교를 다녔다. 학교에 가 있는 하루하루, 오늘은 할머니에게 아무 일 벌어지지 않는 운수 좋은 날이 되기를 바랐다. 학교를 마치고 돌아오면 할머니가 드실 늦은 점심을 차렸다. 때때로 동생도 거들었지만 대부분 푸른이 할 몫이었다. 가끔 집에 들어와 쉬는 날에도 아빠는 텔레비전만 봤다.

"할머니 밥 차려드려라."

"할머니 목욕 시켜드려라."

아빠는 명령만 할 뿐이었다. 대책 없이 시간이 흘러갔다. 흘러간 시간은 심각한 인지 저하 증상으로 되돌아왔다. 할머니는 명절에 모인 친척들 앞에서 '믿고 싶은 모습'을 보여주지 못했다. 그제야 친척들은 할머니에게 인지 저하가 진행된다는 사실을 수긍했다. 5년 만이었다. 초등학생이던 푸른이 고등학생이 돼서야 다다른 합의였다. 그날 어른들은 노인 장기 요양보험의 요양 등급을 신청하자고 입을 모았다. 어른들에게 어린 손들은 그저 돌봄의 밑천이었다. 푸른과 동생에게 강조했다.

"할머니가 너희를 돌봐줬으니, 이제 너희가 할머니를 돌봐야 한다."

얼마 뒤 할머니는 요양 등급을 받았다. 요양보호사가 하루 세 시간씩 찾아왔다. 요양보호사는 할머니의 말동무가 되고 반찬도 만들었다. 배설물도 치웠고, 할머니가 혼자 있는 동안 벌어질지도 모를 사고 위험을 줄여줬다. 부담은 줄어들었지만 푸른의 삶이 바뀌지는 않았다. 하루에서 세 시간을 뺀 나머지 스물한 시간은 뾰족한 대책이 없었다. 푸른도 학교를 가야 했고, 친구들처럼 방과 후 체험학습도 하고 싶었다. 동네에 친구들이 모일 때면 오래 함께하지는 못해도 얼굴이나마 비치고 싶었다. 그럴 때마다 할머니에게 가만히 있으라고 신신당부하면서 집을 나섰다. 집에 돌아온 뒤 이미 벌어진 일들은 대가를 치르듯 묵묵히 감내했다.

어느 날은 외출하고 집에 돌아오니 방바닥이 불에 그을려 있었다. 할머니가 쓰는 전기장판에 불이 붙은 듯했다. 불은 꺼졌고 할머니도 다치지 않았다. 놀란 마음을 추스르고 전기장판을 버린 뒤 방바닥에 남은 자국을 지우면 그만이었다. 검은 자국은 아무리 걸레질을 해도 지워지지 않았다. 지우려고 하면 번졌고, 지우려고 하면 번졌다. 걸레질을 하는데 눈물이 쏟아졌다. 걸레질도 눈물도 멈출 수 없었다. 지우려 해도 지워지지 않는 그을린 자국이 꼭 자기 삶처럼 느껴졌다.

집 안에만 갇혀 지낸 할머니는 살가죽만 겨우 남았다. 영양 상태가 좋지 않았다. 요양보호사를 보내던 업체는 큰엄마에게 할머니를 주간보호센터에 옮기라고 권유했다. 주간보호센터는 오전 아홉 시부터 오후 다섯 시까지 하루 여덟 시간을 생활할 수 있는 곳이었다. 식사와 간식도 제대로 챙겨 먹을 수 있었다. 사람들하고 섞여 이야기도 하면서 서로 자극도 주고받았다. 할머니를 주간보호센터에 보내기로 했다. 푸른이 스물두 살 되던 해, 어른들끼리 내린 결정이었다.

주간보호센터 덕분에 푸른은 마음 편히 대학에 다닐 수 있었다. 할머니를 돌보느라 공부할 의욕이 많이 떨어졌지만, 다시 끌어올리려 노력했다. 한동안 할머니가 흥얼거리는 노랫소리가 집 안을 가득 채웠다. 주간보호센터에서 배운 노래였다. 예전보다 말수도 부쩍 늘었고, 묻는 말에도 곧잘 대답했다. 오랜만에 활기에 찬 할머니가 반가우면서도 초조함이 밀려왔다. 사람이 갑자기 변하면 상태가 나빠질 수도 있다는 말이 떠올랐다.

초조한 마음이 현실이 되는 데 채 1년도 걸리지 않았다. 할머니는 예전보다 더 쇠약해졌다. 인지 저하가 심해져 대화를 나누기도 쉽지 않았다. 푸른은 모든 일상을 접었다. 할머니가 벌이는 일들을 막아야 했다. 대학 과제를 제대로 할 수 없는 환경은 의욕을 뚝뚝 떨어트렸다. 집에 컴퓨터나 노트북이 없어서 과제를 하려면 피시방에 가야 했는데, 할머니를 두고 집을 나설 수 없었다. 동기들에게는 당연한 일들이 푸른에게는 당연하지 못했다. 사소한 것들을 하나둘 포기하다 보니 삶의 의욕은 금세 사그라들었다. 그렇게 두 달을 지냈다.

계속 이렇게 지낼 수는 없었다. 푸른도 할머니도 우울감이 깊어졌다. 친척들에게 심각해진 할머니 상태를 알렸다. 누구도 손을 거들어주지 않았다. 상황을 해결하는 방법은 요양 병원 입소밖에 없어 보였다. 마침 집에서 5분 거리에 요양 병원이 있었다. 친척들은 요양 병원 입소를 반대했다. 큰엄마는 할머니가 푸른하고 함께하고 싶어하니까 푸른이 직접 돌봐야 한다는 태도를 고집했다.

푸른이 요양 병원을 직접 알아보겠다고 하자 큰엄마는 할머니처럼 상태가 심각한 사람을 받아주는 요양 병원은 없다면서 훼방을 놓았다. 할머니가 요양 병원에 들어가면 자기가 돈을 다 내야 한다는 압박이라도 받았을까. 애초부터 친척들에게 푸른이 겪는 고통은 안중에도 없었다. 결국 푸른이 모든 책임을 지고 결정하는 수밖에 없었다. 말이 통하지도 않는 할머니의 자식들을 붙들고 있으면 될 수 있는 일도 안 되지 싶었다.

"제가 엄청 펑펑 울면서 할머니한테 '할머니 집에서 못 살아', '요양 병원 가면 할머니를 맨날 봐줄 수 있는 사람도 있어', '나도 너무 힘들어' 그랬어요. 갑자기 할머니가 마치 치매 없는 사람처럼 '울지 마, 알았어' 이러는 거예요. 그때 너무 슬펐어요. 요양 병원 입소를 앞두고 할머니 때문에 힘들기도 했지만, 그것보다 할머니 때문에 제 자신이 달라지는 게 더 힘들었어요. 할머니를 미워하게 되니까요."

가족 돌봄, 커튼 뒤의 청소년과 여성의 자리

일본에서 손녀가 혼자 돌보던 할머니를 살해한 사건이 있었다. 손녀도 푸른처럼 1998년에 태어났다. 2020년 10월 28일 《마이니치신문》은 그 여성에게 징역 4년이 구형된 소식을 전했다.[*] 이 사건을 불러온 요인으로 돌봄을 혼자 떠맡은 상황과 친척들이 보인 비협조적 태도를 꼽을 수 있다.

[*] 〈「限界だった」たった1人の介護の果て　なぜ22歳の孫は祖母を手にかけたのか〉, 《毎日新聞》 2020년 10월 28일. https://mainichi.jp/articles/20201028/k00/00m/040/074000c.

이 돌봄 여성은 전문대를 졸업하고 꿈꾸던 유치원 교사가 됐다. 일을 시작할 때쯤 할머니가 언덕길에서 넘어지는 사고를 당한 뒤 인지 저하 증상을 보이기 시작했다. 친척들은 할머니가 학비를 대준 만큼 손녀가 간병해야 한다며 돌봄을 맡겼다. 돌봄 여성은 초등학교 1학년 때 어머니가 뇌출혈로 사망해서 할머니 손에 자랐다.

돌봄 여성은 유치원 교사로 일하면서 야간과 주말에 할머니를 돌봤고, 식비나 기저귀 비용 등도 직접 댔다. 그러느라 제대로 잠을 자지 못했고, 할머니가 하는 돌발 행동을 제어하지 못했다. 직장에서도 실수가 잦아지자 상사나 동료들에게 핀잔을 듣기 시작했다. 아무도 돌봄 여성을 이해하지 못했다. 그렇게 2주가 지난 무렵, 돌봄 여성은 한계를 느꼈다. 아버지와 고모에게 도움을 요청했다.

"그 정도는 컨트롤할 수 있어."

그나마 고모만 이렇게 대답했다. 돌봄 여성은 대학 시절에 고모의 아이를 돌보느라 학교를 조퇴하거나 동아리 활동을 쉬어야 했다. 한 번 돌봄 밑천은 영원한 돌봄 밑천이라는 듯 손녀에게 돌봄이 맡겨졌다.

돌봄 여성이 한계를 느낄 때까지 할머니가 공적 돌봄 서비스를 안 받은 상황도 아니었다. 할머니에게 필요한 돌봄을 점검해주는 '케어 매니저'가 곁에 있었다. 문제는 케어 매니저가 주로 연락하는 사람이 고모라는 점이었다. 할머니 상태가 심각해지자 케어 매니저가 입원을 권유하지만 고모는 거절했다. 이때 케어 매니저가 고모를 제치고 돌봄 여성의 목소리를 들었으면 사건을 막을 수 있지 않았을까?

가족 돌봄 문제에서 누구의 목소리를 들어야 할까? 일본 돌봄 여성의 이야기와 푸른의 이야기는 이 질문을 통해 공명한다. 우리는 왜 돌봄에 가장 많이 기여한 사람의 목소리를 듣지 못할까? 아니, 우리는 왜 듣지 않을까? 어른들에게 푸른과 일본 돌봄 여성 같은 존재는 커튼이나 같았다. 아픈 사람을 보이지 않게 가려주고, 확인해야 할 때는 벌컥 열어젖힐 수 있는 커튼이었다. 어른들은 단 한 번도 무엇이 필요하고 얼마나 힘든지 묻지 않았다. 애초에 모든 돌봄 부담을 떠맡기는 결정이 옳은지도 묻지 않았다.

가족은 권력이 작동하는 공간이다. 가족에 부여된 책임과 권한은 때때로 권력에 따라 배분된다. 책임은 약자가 지는 반면 권한은 강자가 부릴 수 있다는 말이다. 푸른이 그랬고, 일본 돌봄 여성이 그랬다. 누가 돌봄을 가려주는 커튼 같은 구실을 하고 있을까? 한 사람의 희생으로 돌봄이 유지되지 않게 하려면, 우리는 이 질문을 나누며 추리해야 한다. 커튼이 된 이들의 존재를 찾아 목소리를 들어야 한다. 커튼을 걷어야 공적 돌봄도 제대로 작동할 수 있다.

가정 안에서 벌어지는 문제를 바깥에서 파악하고 개입하기란 쉽지 않다. 지금 한국 사회는 아이가 폭력에 시달리는 정황이 뚜렷한데도 가정 안에서 벌어진 일이라는 이유 때문에 제대로 대응하지 못하는 사례가 적지 않다. 물리적 폭력도 이런 정도인데, 돌봄을 전담한 사람의 목소리가 배제된 점을 들어 가정 외부에서 개입하기는 더 어려울 수밖에 없다.

푸른과 일본 돌봄 여성은 공적 돌봄 서비스를 받았다. 서비스를 신청하거나 받는 과정에서 '떠넘긴 돌봄'을 파악할 수는 없을까? 숨겨진 목소리를 들을 수 있는 다양한 장치를 상상해보자. 첫걸음은 의외로 간단할지도 모른다.

노인 장기 요양보험에 규정된 요양 등급 신청 과정에 돌봄자의 자리를 상상해보자. 이런 과정을 거쳐 다른 돌봄 정책에서도 어떻게 아픈 사람과 돌봄자를 함께 파악할 수 있을지 생각해볼 수 있다. 노인 장기 요양보험에서 요양 등급은 당사자가 돌봄이 필요한 정도를 파악한 뒤 이용할 수 있는 요양 서비스 양을 정한다. 우선 요양 등급 신청은 어떤 과정이고 무슨 문제점이 있는지 살펴야 한다. 장기 요양 현장의 증언을 들어보자.

서울시 동작구에서 상도재가복지센터를 운영하는 원영숙 센터장과 임진화 나사렛대학교 사회복지학과 교수는 돌봄이 필요한 이들이 스스로 납득할 만한 요양 등급을 받지 못한다고 말한다. 민간 요양 기관을 운영하면서도 현행 제도 안에서 돌봄 사각지대를 해소하려 노력하지

만 늘 벽에 부딪힌다. 공공 기관이 비협조적 태도를 보이기 때문이다.[*]

민간 요양 기관에서 돌봄이 필요한 당사자를 발굴하더라도 돌봄 공백을 해결하기는 쉽지 않다. 문제는 당사자를 찾은 뒤 요양 등급을 신청하는 과정에서 드러난다.

"자녀 아니죠?"

당사자를 찾아 건강보험공단에 요양 등급을 신청할 때 담당자가 한 질문이다. 민간 요양 기관이 수익을 올리려 복지 대상자를 찾는다는 색안경 낀 시선은 덤이다. 가족만이 돌봄에 책임과 권한을 지니고 판단을 내리는 주체라는 전제와 공공이 돌봄 서비스를 민간에 떠넘긴 뒤 감시하는 구조가 짝이 돼야만 벌어질 수 있는 상황이다.

요양 등급 심사 절차를 밟는 일도 어렵다. 요양 등급 심사를 신청하면 가정 방문을 해서 당사자 상태를 확인해야 하지만, 전화로 상태가 어떠한지나 걸을 수 있는지 등을 묻고 거절하는 사례도 있다. 열 건 중 한두 건은 그렇게 등급 심사조차 받지 못한다. 가정 방문이 진행돼도 문제는 남는다. 필요한 만큼 돌봄을 받을 수 있는 '적절한 등급'을 얻지 못하기 때문이다.

---

[*] 최은서, 〈"노인 요양등급, '모두에게' 아닌 '모두가 납득하게' 부여를"〉, 《한국일보》 2021년 6월 21일.

원영숙과 임진화는 '납득'할 만한 요양 등급을 받을 수 없는 원인으로 '노인장기요양 인정조사표'를 꼽았다. 노인장기요양 인정조사표는 신체와 인지 상태가 일상생활에 영향을 미치는지 파악하는 데 중점을 둔다. 조사표는 65개 항목 조사와 25개 욕구 조사로 구성돼 있지만, 내용은 구체적이지 않고 단순하다. 이를테면 신체 기능 영역은 '세수하기', '양치하기', '화장실 사용하기' 등 10개 항목을 '완전 자립', '부분 도움', '완전 도움' 중 하나로 판단한다.

'화장실 사용하기'만 해도 변기 뚜껑을 올리고 용변을 처리하고 물을 내리고 수도꼭지를 트는 과정을 거쳐야 하지만, 그런 세세한 부분은 조사표의 관심사가 아니다. 현장에서 당사자를 발굴하더라도 조사표가 돌봄 공백을 모르쇠로 일관하니 손쉬운 문제도 해결하지 못한다.

"현행 제도라도 잘 지켜지도록 공단과 관공서가 함께 힘써야 한다." 한정된 돌봄 서비스라도 필요한 이들에게 제대로 가게 하려고 노력하는 이들이 건넨 당부다. 현실을 포착할 수 있는 조사표를 다시 만들어야 한다. 현장에서 마주하는 상황과 행정에서 제시하는 요양 등급 사이의 간극을 메울 항목들이 필요하다.

'노인장기요양 인정조사표'를 어떻게 수정하면 좋을까? 어떤 항목들이 수정되고 추가돼야 현실이 잘 포착될까? 조사가 단순히 신체나 인지 기능의 상태만 파악하는 데 그치지 않고 돌봄이 필요한 당사자의 사회적 관계까지 포괄하면 어떨까? 조사표가 이런 관점으로 돌봄 필요에 접근한다면 돌봄자의 자리도 충분히 담아낼 수 있다.

조사표에 '주돌봄자' 존재 여부, 인적 사항, 일과 삶의 균형, 심리 정서 스트레스, 신체적 건강, 경제적 위협, 사회적 관계 위축 등의 항목을 넣는다고 생각해보자. 그런 항목들만으로 돌봄자의 희생 아래 가려져 있던 돌봄의 실체를 마주할 수 있다. 가정 안에서 누가 돌봄을 비자발적으로 떠안고 있는지 파악할 수 있다. 무엇보다 조사를 가정 방문 형태로 진행한다는 점에서 '주돌봄자'의 존재를 확인하기 더 쉽다. 주돌봄자의 상태에 따라 요양 등급을 높게 줘서 돌봄 부담을 완화하는 방향도 고려해야 한다.

또한 조사표를 통해 주돌봄자의 연령, 성별, 상태 등이 모이면 다른 정책을 구상하는 데 쓸 만한 데이터가 된다. 공적 제도 안에서 돌봄자의 자리가 좀더 뚜렷해지는 셈이다. 돌봄이 필요한 아픈 당사자와 돌봄자를 고루 살필 수 있는 정책적 관점이 필요하다. '모든 사람을 위한 요양 등급'을 만들 수 있을지 모른다. 몇 개 항목만 더해도 푸른의 삶이 더 나빠지지 않고, 일본 돌봄 여성에게 벌어진 파국을 막을 수 있다.

푸른의 이야기와 일본 돌봄 여성의 이야기에서 드러나는 또 다른 공통점은 남성의 목소리가 등장하지 않는다는 점이다. 남성의 목소리는 배제돼서 들리지 않는 걸까? 아니면 목소리를 내지 않아도 되는 권력을 가진 걸까? 함께 돌봄을 할 수 있는 손이 있는데도 그 손을 쓰지 않게 만드는 힘은 분명 권력이다. 이 사회에서 돌봄을 보이지 않게 하는 더 큰 커튼은 '여성'이다. 성별 분업이야말로 돌봄을 가려주는 '사회적 커튼'이라고 할 수 있다. 사회적 커튼은 남성에게 돌봄을 보이지 않게 가려준다.

"아빠와 큰아빠도 돌봄에 책임을 다하려고 했으면 제가 이렇게 힘들지 않았을 것 같아요."

푸른은 자기가 친척들 사이에서 겪은 일을 '내리 갈굼'이라고 표현했다. 큰아빠가 큰엄마를 괴롭히면 큰엄마는 푸른을 괴롭힌다. 장남은 며느리에게 돌봄을 떠넘기고, 며느리는 손녀에게 돌봄을 떠넘긴다. 모든 사람이 돌봄 앞에서 평등할 수 있을까? 모두 고루 돌봄을 할 수 있는 평등을 위해 우리는 먼저 물어야 한다. 나는 왜 돌봄을 하고 있지 않을까?

늘 함께하고 싶은 마음에 필요한 지원들

푸른은 청소년 지도사와 사회복지사 자격증을 준비하고 있다. 중학교 2학년 때부터 꿈꾼 진로다. 푸른의 집안 사정을 알게 된 청소년 문화 기관의 어느 선생님이 해준 한마디 덕분에 찾은 꿈이다.

"그때 해준 말은 '네 잘못이 아니야'였어요. 그때까지 저는 마음에 높은 벽을 쌓고 있어서 아무도 다가오지 못하게 했던 거 같아요. 선생님의 행동이 저한테는 벽을 없앨 수 있게 해줬어요. 그때 생각했죠. '나도 나 같은 청소년들이 있다면 그런 청소년들이 기댈 수 있는 사람이 되고 싶다'고 생각하면서 청소년 지도사라는 꿈을 꾸게 됐어요."

빨리 돈을 벌고 싶지만, 아직 취업은 멀기만 하다. 지금처럼 조금씩 나아가면 언제인가 가능할지 모른다. 동생은 철학과를 다니고 싶은 꿈을 접고 대형 쇼핑몰에서 보안 일을 시작했다. 여전히 지방 어딘가를 떠도는 아빠는 집에 잘 들어오지 않는다. 할머니는 집 앞 요양 병원에서 푸른을 기다린다. 푸른 말고는 아무도 면회를 가지 않는다. 병원비는 90만 원 정도 나온다. 푸른이 10만 원을 내고, 나머지 80만 원은 큰아빠, 둘째 큰아빠, 고모가 나눠 낸다.

"네가 효녀다."

"아주 어른스럽네."

푸른은 의무와 책임을 지우는 말을 자주 듣는다. 어른들 말은 정작 돌봄을 지속하는 데 아무 쓸모가 없다. 정말 돌봄을 인정하고 지지하고 싶다면 의무와 책임을 떠안기는 대신 심리적 고립과 경제적 궁핍을 해결해주면 좋겠다.

돌봄자를 위한 상시적인 심리 지원이 필요하다. 푸른은 할머니가 요양 병원 입소를 앞둔 무렵에 우울감이 아주 높아졌다. 자기 자신도 가누기 힘든 상황에서 할머니까지 돌봐야 했다. 심리 상담을 받고 싶었지만 도움을 받은 적이 있는 청소년 기관에서 더는 상담을 할 수 없었다. 푸른은 이제 성인이기 때문이었다. 한 번에 몇 만 원씩 하는 상담을 할 돈도 없었다. 삶에서 겪는 문제가 청소년기뿐 아니라 청년기에도 계속되는데 상담 지원은 받을 수 없었다. 언제든 상담을 받을 수 있는 심리 지원이 절실하다.

돈 문제도 빼놓을 수 없다. 돈 때문에 부모를 버리는 세상, 그동안 푸른이 온몸으로 겪은 세상의 모습이었다. 경제적 위협이 되면 앞으로 더 많은 이들이 가족을 버릴 듯하다. 돈에 얽매이지 않고 사람에게 집중할 수 있어야 한다. 경제적 지원은 돌봄과 부양의 지속성을 높이는 방법일 수 있다. 푸른은 할머니 곁에 늘 함께하고 싶다. 그 마음이 경제적 이유 때문에 위협받지 않으면 좋겠다. 말보다 지원을 원한다. 효녀라는 호명이나 어른스럽다는 평가가 아니라, 오로지 푸른이라는 한 사람으로서 할머니라는 한 사람하고 더불어 살아가고 싶을 뿐이다.

3장

돌봄이
길이 되려면

모두 여유로웠다. 교실에서 웃고 떠드는 아이들도, 운동장에서 축구하는 친구들도 나무랄 데 없이 잘살아가는 듯 보였다. 이제 막 시작한 중학교 첫 학기, 희준은 자기만 여유가 없는 느낌이었다. 교실 안이 화기애애해지면 걱정거리가 떠올랐고, 운동장에 활력이 넘치면 우울감이 깊어졌다.

"'내가 이러면 안 되는데, 내가 왜 이러고 있는 거지? 여기 있으면 안 되는데, 이럴 바에 차라리 학교 안 다니고 집에 가서 엄마 보살펴야 되는데, 밥 차려야 하는데, 엄마 아파서 누워 있으면 어떡하지?' 계속 이런 잡생각들이 떠올랐어요. 수업이 안 들렸어요. 그냥 엎드려서 막 울고 그랬어요. '내 나이에 맞지 않다.' 그렇게 생각한 거 같아요. '나는 열네 살인데, 나도 쟤네들처럼 살아야 되는 나이 아닌가?'"

희준은 새로운 학기에 적응하는 데 필요한 에너지가 바닥나 있었다. 열두 살이 되던 해부터 엄마는 아프기 시작했다. 질병은 많은 변화를 일으켰다. 집이 작아졌다. 작아진 집은 어느 순간부터 엄마와 아빠가 싸우는 소리로 채워지기 시작했다. 엄마의 아픔이 집 안을 가득 채울 때도 있다. 그럴 때마다 밥을 하거나 청소를 할 수 있는 사람은 희준뿐이었다. 에너지를 쓸 데는 많은데 에너지를 충전할 곳이 없었다. 집도 학교도 에너지를 써야만 하는 곳이었다.

아픈 가족 돌보는 새파란 돌봄들, 영 케어러

어느 청소년 독서학교에서 연 북 토크에 참여했다. 《아빠의 아빠가 됐다》를 중심으로 '돌봄'과 '부양'에 관해 이야기했다. 중학교 2학년이라고 밝힌 한 남성 청소년이 가장 먼저 마이크를 잡았다. 노인의 빈곤과 고립, 고독사 등 사회문제가 발생하는 원인이 무엇인지 물었다. 나는 가족만이 돌보고 부양한다는 관점은 더는 맞지 않다고, 우리 사회가 어떻게 개개인을 지원하고 안전하게 할지를 이야기해야 한다고 답했다.

북 토크를 마치고 그 중학생은 내게 다가왔다. 사실 더 하고 싶은 말이 있었다고, 자기도 엄마가 아프다고, 책 읽으면서 많이 공감했다고, 그렇게 아주 잠깐 이야기를 나눴다. 그 중학생이 바로 희준이었다. 처음 만난 10대 가족 돌봄자였다. 더 하고 싶은 얘기가 있다던 말이 그날 이후에도 마음에 머물렀다. 희준이 던진 질문과 희준이 한 경험 사이가 궁금했다. 며칠이 지나고 청소년 독서학교 선생님에게 부탁해서 연락처를 받았다. 이번에는 내가 질문을 하기로 했다.

희준처럼 아동기나 청소년기에 아픈 가족을 돌보는 이들을 '영 케어러'라고 부른다. 영 케어러는 신체적이나 정신적으로 아프거나 장애를 지닌 가족을 돌보는 만 18세 미만의 아동과 청소년, 더 나아가 청년을 아우르는 말이다. 흔히 우리는 가족 돌봄이라는 단어에 신체적 간병만을 떠올리기 쉽다. 그렇지만 영 케어러의 돌봄은 신체적 간병에 머무르지 않는다. 아픈 어른이 하던 일을 대신 하기도 하기 때문이다. 청소, 요리, 장보기, 집수리, 어린 동생 돌보기, 병원 동행이나 행정 업무 대행까지 다양하다.

아픈 가족을 돌보는 일은 학업과 진로 이행, 또래 관계까지 영향을 미칠 수 있다. 아픈 가족을 돌보는 데 시간을 쏟으면 학업이나 진로 이행에 쓸 여유 시간이 줄어들기 때문이다. 진로 이행과 가족 돌봄을 병행하다 보니 일상에서도 에너지가 더 많이 들어간다. 아픈 가족을 돌보는 일은 또래들 사이에서 흔한 사례가 아니어서 쉽게 공감을 얻기 힘들다. 자기가 겪는 문제를 함께 상의하거나 참조할 수 있는 관계가 없다는 점에서 영 케어러에게 가족 돌봄은 고립의 단초가 되기도 한다. 더 나아가 가족 돌봄을 하는 아이와 하지 않는 아이의 미래에서 나타나는 격차도 무시할 수만은 없다.

일본도 고령화, 저출생, 가족 형태 변화 등으로 영 케어러가 늘어나는 바람에 지원할 방안을 찾고 있다. 고령 인구가 많은 사이타마 현에서 영 케어러 집중 조사를 벌였다. 2020년 7~9월 현에 있는 전체 고등학교 2학년생 5만 5772명을 대상으로 가족 돌봄 여부를 물었다. 응답한 4만

8261명 중 4.1퍼센트인 1969명이 학교를 다니면서 가족을 돌본다고 밝혔다.[*]

2021년 4월에 일본 총무성과 후생노동성, 문부과학성이 공동 진행한 '전국 중고등학생 영 케어러 실태 조사'에서는 '돌보는 가족이 있다'고 답한 비율이 중학생은 17명당 1명, 고등학생은 24명당 1명으로 집계됐다.[**] 영 케어러는 하루 평균 4시간 넘게 가사 노동을 했다. 그중 고등학생은 40.8퍼센트가 '공부나 숙제를 할 시간이 없다'고 답했고, 12.2퍼센트가 '집안 사정상 진로를 바꿨다'고 털어놨다.[***]

한국도 이제 막 문제의식을 느끼기 시작했다. 우리 사회는 영 케어러의 존재를 추론할 수 있는 배경이 충분하다. 고령화와 저출생뿐 아니라 높은 이혼율, 노인 아닌 인구의 만성 질환과 중증 질환 증가, 산업 재해 등이 그렇다. 애초부터 부모나 조부모하고 나이가 많이 차이 나면 좀 더 일찍 돌봄 상황을 마주할 수도 있고, 한부모 가정이라면 부모가 아플 때 자녀가 돌봄을 하는 수밖에 없다. 그러므로 한 가정의 어른이 아프다는 말은 단지 아이가 돌봄을

---

[*] 김희경, 〈일본에선 중고생이 노인 간병 '영 케어러' … 스트레스 토로, 사회적 지원 시급〉, 《한국일보》 2020년 1월 29일.

[**] 間野まりえ, 〈ヤングケアラー 国がまとめた4つの支援策って?〉, 《NHK》 2021년 6월 1일.

[***] 정은혜, 〈日 고등학생 40% '집안일 때문에 공부할 시간없다' 구제책 마련 나선 정부〉, 《아시아투데이》 2021년 5월 17일.

받지 못하는 상황만을 의미하지 않는다. 이미 많은 아이들이 직접 아픈 어른을 돌봤고, 돌봄을 맡은 어른을 보조하는 구실을 해왔다. 아이도 어른을 돌본다는 관점을 공유해야만 우리는 우리 곁에 있을지 모르는 영 케어러의 존재를 보게 된다.

희준 이야기는 영 케어러 이야기이지만, 한발 더 나아가 한국 사회에서 '가족'이 지닌 두 측면을 살펴볼 수 있다. 하나는 돌봄과 부양의 책임 문제이고, 다른 하나는 지위 문제다. 희준의 엄마는 아프기 전에 고소득층이었다. 엄마와 아빠는 각자 사업을 했고, 희준도 엄마가 좋은 대학을 나와 외국 생활도 오래한 '엘리트'라는 점을 강조했다.

희준네 집은 아빠, 엄마, 희준, 여동생으로 구성된 전형적인 4인 가구다. 경제적으로 풍족해서 안정된 지위 대물림이 진행될 수 있는 가족 배경을 갖췄다. 부모의 사회경제적 지위가 자녀에게 고스란히 대물림되는 현상은 요즘 불평등 문제의 중심에 놓여 있다. 지위 대물림에 아픔과 돌봄이 맞물리면 어떻게 될까? 안정적인 희준네 가족은 아픔과 돌봄을 만나면서 불안정해지기 시작했다. 돌봄과 부양의 책임을 진 '가족'과 지위 대물림을 할 수 있는 '가족'이 희준의 일상에서 마찰을 일으킨다. 지금 희준은 아픔과 돌봄, 지위와 교육이 교차하는 한가운데에서 일상을 보내고 있는지도 모른다.

청춘에 붙은 빨간 딱지, 가족 돌봄

빠지는 머리카락이 아프다며 머리를 감싸는 엄마, 매번 퉁퉁 부어오른 발을 마사지해달라는 엄마, 열정 넘치게 하던 일들을 다 접고 집에 누워 있는 엄마. 희준이 기억하는 엄마의 항암 치료 과정이다.

엄마는 잘나가는 인테리어 업체 사장이었다. 가벼운 감기 몸살에는 잘 쉬지도 않았고, 집에 있을 때는 끊임없이 전화로 일을 지시했다. 엄마가 사업에 집중하는 내내 초등학교 저학년이던 희준과 동생은 외할머니와 외할아버지 손에 자랐다. 가끔 엄마를 만나면 엄마가 일하는 공사 현장을 따라다녔다. 그런 엄마 옆에서 희준은 엄마가 일을 좋아한다고 느꼈다.

3년 전, 사업을 확장하려던 엄마는 병원에서 유방암 말기 진단을 받았다. 뼈와 뇌, 폐와 신장까지 종양이 퍼져 있다고 했다. 치료에 들어가면서 모든 사업이 멈췄다. 가구들에 빨간 딱지가 붙었다.

희준은 엄마가 거친 과정을 구체적으로 알지 못하지만, 아파하는 모습만은 생생하다. 희준은 엄마가 암 때문에 아파한다는 현실을 알았고, 암으로 사람이 죽을 수도 있다는 사실을 알았다. 알고 있다고 달라질 일은 없었다. 그저 부기가 빠질 때까지 엄마 발을 주무르고 제때 약을 챙겨주는 정도 말고는 할 수 있는 일이 없었다. 동생하고 함께 먹을 밥을 짓고 반찬을 만들고 엄마가 먹을 죽을 쒔다. 난생처럼 해보는 요리였다. 아주 어릴 때 요리사를 꿈꾼 적이 있어서 주방 도구를 만지고 재료를 손질하는 시간을 즐기기도 했다. 하기 싫은 설거지나 화장실 청소도 곧잘 해냈다. 희준은 집안일을 익히면서 초등학교를 졸업했다.

"안 아플 때는 엄마가 집안일을 해요. 엄마가 아플 때가 정말 많으니까 그때마다 제가 열심히 했어요. 갑자기 엄마가 돌아가실 거 같다고 많이 생각해요. 엄마가 아무 소리 없이 갑자기 누워 있을 때나 아파서 골골할 때, 그냥 자려고 눈을 감으면 그런 생각이 나요. 엄마가 돌아가시는 거 보면 굉장히 슬플 것 같더라고요. 그래서 초등학생 때는 이런 생각도 했어요. 내가 엄마보다 빨리 죽었으면 좋겠다고. 지금 생각해보면, 제가 먼저 죽으면 엄마가 더 아프겠죠."

집에서 아빠 얼굴을 볼 수 있는 날은 거의 없었다. 아빠는 돈 때문에 정신이 없었다. 집을 팔아서 빚을 갚았다. 당장 쓸 돈을 벌어야 하니까 개인 사업을 접어두고 건설 일용직과 외국인 관광객을 안내하는 리무진 운전기사를 병행했다. 아빠는 병원비를 달라는 엄마에게 눈치를 주기도 했고, 간호사에게 자기는 보호자가 아니라며 소리를 지르기도 했다. 희준은 아빠가 아픈 엄마를 원망한다고 느꼈다.

엄마와 아빠는 협력하는 모습을 보여주지 않았지만,

각자의 친구들하고는 지원과 지지를 곧잘 주고받았다. 아빠가 안 주는 병원비를 엄마 선배가 대신 냈고, 사업을 다시 시작하려는 아빠에게 친구들이 돈을 모아 사무실을 마련해줬다. 어느 날 갑자기 닥친 위기를 함께 겪는 가족들이 살길은 각자 알아서 찾는 듯했다. 위기 앞에서 하나가 되기보다는 반으로 쪼개졌다. 엄마와 아빠 사이가 벌어질수록 희준은 엄마 편이 되고 동생은 아빠 편이 됐다. 집은 대립이 일상인 곳이 됐다.

외할머니와 외할아버지는 엄마를 걱정했지만 적극적으로 돕지 못했다. 이미 엄마와 아빠가 사업을 하는 동안 희준과 동생을 도맡아 키웠고, 이제 더는 돌봄을 하기가 벅찼다. 무엇보다 외할머니와 아빠는 사이가 좋지 않았다. 감정적 갈등이 깊어지면서 할머니는 발길을 아예 끊었다.

"제가 열세 살 됐을 때부터 아빠가 저하고 엄마한테 막 대하기 시작했어요. 슬슬 술 마시고 들어와서 엄마한테 말을 막 했어요. 저는 공포스럽잖아요. 밤에 어두컴컴한데 막 싸우는 소리 들리고. 엄마가 아프고 나서 집안 전체가 망가진 거처럼 느껴졌어요. 누가 봐도 콩가루가 된 거 같은 거예요. 완전히 망가져버린 가족과 가족 간의 관계가 많은 생각을 하게 했어요. 우리 집은 여유로웠고, 경제적으로 넉넉했고, 엄마가 갖고 싶은 것도 다 사줬는데, 지금까지 안정적이던 삶이 앞으로 어디로 흘러가는 건지 불안하더라고요. 친구들이랑 놀 때면 아빠가 엄마한테 심하게 손찌검하면 어쩌지 하는, 별 생각이 다 들었어요. 아빠는 계속 엄마랑 싸우니까, 저는 '내가 더 많은 일을 해야겠구나' 하는 책임감을 느꼈어요."

돌봄이 필요한 돌봄, 영 케어러

중학교 올라간 첫 학기, 책상 위에는 심리 검사지가 놓여 있었다. 전체 학생을 대상으로 실시하는 심리 검사였다. 질문은 대체로 '우울한가요?'나 '죽고 싶다는 생각이 드나요?' 처럼 직설적이었다. 질문지를 읽지도 않고 찍어서 높은 우울감이 나오는 학생들이 많았다. 희준은 달랐다. 하나하나 신중하게 마음을 들여다보게 하는 질문들이었다.

"상담 선생님이 저를 따로 불렀어요. '너구나. 네가 굉장히 높은 점수가 나왔어.' 그렇게 상담하면서 깊은 이야기를 나누니까 선생님도 '네가 이렇게 될 수밖에 없는 상황이구나' 하고 이해해주셨어요. 그때까지는 털어놓을 데가 없었어요. 내 마음속 도로의 모든 게 꽉 막혀 있었는데, 그게 풀렸어요."

그동안 돌봄 경험이 나이에 맞지 않는다는 괴리감이 컸다. 친구들 부모님은 건강해 보이기만 했다. 가족들이 예전처럼 큰 집에서 화목하게 살기를 바랐다. 그런 생각을 하면 할수록 현실은 더 적응하기 힘들었다. 지금을 있는 그대로 받아들이려는 노력이 필요했다.

상담을 계기로 마음을 들여다본 뒤, 담임 선생님도 희준이의 마음 상태를 신경썼다. 선생님은 반 친구들 한 명 한 명에게 희준이를 잘 돌봐주라고 부탁하기도 했다. 친구들하고 어울리기 시작하면서 마음이 서서히 열렸다. 학교에 적응하기보다는 엄마에게 더 집중하고 싶다던 희준이 학교에서 에너지를 얻기 시작했다. 2학기가 될 무렵에는 친구들이 많아졌다. 친구들하고 밴드 활동을 했고, 일주일 걸려 쓴 시나리오로 단편 영화도 만들었다. 학교에서 상담을 하지 않았으면 할 수 없는 활동이었다. 상담 몇 번 덕분에 자기를 둘러싼 상황을 직시했고, 더 잘살고 싶은 마음이 생겼다.

희준은 앞으로 해내고 싶은 일이 많아졌고, 되고 싶은 것도 늘어났다. 공부도 잘하고 싶고, 좋은 외국 대학에 유학도 가고 싶고, 사업도 하고 싶고, 밴드도 꾸준히 해서 앨범도 내고 싶고, 화가도 되고 싶다. 성취와 진로에 관련된 의욕이 넘치지만, 만약 엄마가 위독해지면 곁에 함께하고 싶다. 진로 탐색은 다시 할 수 있겠지만, 엄마하고 함께하는 순간은 다시는 없을 테니까 그런 선택을 하지 않을 이유가 없다.

이런 마음이 지극한 효심처럼 느껴질 수 있다. 미래를 위해 생산적 활동에 전념해야 할 때 세상 물정 모르는 치기로 보일지도 모른다. 돌봄을 정말 하느냐 마느냐를 떠나, 우리는 돌봄을 하고 싶다는 희준의 말을 좀더 곱씹어야 한다.

이제까지 우리는 아이를 돌봄을 받는 '대상'으로 상정했다. 당연히 아이는 돌봄을 받아야 한다. 권리다. 역설적으로 아이의 돌봄 받을 권리를 보장하기 위해 아이가 과연 돌봄을 받기만 하는지 살펴야 한다. 돌봄을 하는 아이의 돌봄 받을 권리가 소외되지 않게 말이다.

조손 가정을 생각해보자. 조손 가정은 만 18세 미만의 손자녀와 조부모로 구성된 가정이다. 우리는 당연히 조부모가 손자녀를 돌본다고 생각한다. 이런 관점을 바탕으로 사회적 지원도 진행된다. 이를테면 조부모가 아이를 잘 키울 수 있게 양육 기술이나 부모 교육을 제공하는 식이다. '정상 가족'의 취약해진 돌봄 기능을 보강하는 성격을 띤 지원이다. 분명 필요한 지원이지만, 이런 관점으로는 아이가 하고 있을지도 모르는 돌봄을 제대로 볼 수 없다.

우리는 아이가 돌봄의 '대상'일 뿐 아니라 돌봄의 '주체'일 수도 있다는 현실을 인정해야 한다. 아이한테서 교육받을 권리와 놀 권리를 빼앗으려는 시도는 아니다. 오히려 돌봄을 해야 하는 상황에 놓인 아이에게 교육과 놀이를 보장할 길을 논의해야 하기 때문이다. 돌봄 서비스가 아무리 확대돼도 일상적 관계에서 일어나는 모든 돌봄 행위를 대체할 수는 없다. 아이들은 돌봄을 해왔고, 하고 있다. 앞으로 고령 인구가 늘어나고 출생률이 줄어들면서 노인을 돌보는 아이들이 증가할 수밖에 없다. 지금 영 케어러라는 호명이 필요한 이유가 여기에 있다. 영 케어러를 우리 사회의 성원으로 인정하고 영 케어러에게 무엇을 보장할지 고민해야 할 때다.

아이가 학업과 돌봄을 병행할 수 있게 직장에서 돌봄 휴가를 쓰듯이 학교에도 돌봄 결석 제도를 만들 수 있다. 돌봄 결석이 진학에 손해가 되지 않게 해야 한다. 가족 돌봄을 하느라 부족한 수업은 다른 방식으로 보충할 방법도 찾아야 한다. 또래 집단에서 쉽게 얻을 수 없는 질병, 돌봄, 가사, 복지 관련 정보를 나눌 수 있는 교육, 상담, 커뮤니티 등도 빼놓으면 안 되는 요소다. 무엇보다 한 개인에게 돌봄을 떠넘기는 방식이 아니라 돌볼 수 있는 권리를 바탕으로 사회가 돌봄에 함께해야 한다는 사실을 잊지 말아야 한다.

무급 간병인을 지원하는 영국의 민간 단체 '케어러스 트러스트Carers Trust'는 영 케어러를 위해 다양한 활동을 펼쳐왔다. 영 케어러들이 어울릴 수 있게 여가 활동이나 경험 공유 커뮤니티를 운영하고, 취업이나 진로 상담, 면접 등을 지원한다. 케어러스 트러스트에서 일하는 한 실무자는 영 케어러가 스스로 돌봄을 하고 있다는 사실을 알지 못하면 지원을 요청할 수 없는 상황이 생긴다고 말한다. 스스로 돌봄을 하고 있다는 사실을 분명히 알고 받아들여야 정부나 민간 단체에 지원을 신청할 수 있고, 학교나 또래 집단 안에서도 가족 돌봄 문제에 따른 따돌림을 방지하고 협력을 꾀할 수 있다.[*]

얼마 전 케어러스 트러스트는 '#나도 돌봐줘#CareForMeToo'라는 슬로건을 내걸고 영 케어러의 정신 건강 문제를 제기하는 캠페인을 진행했다. 여기에서 영 케어러는 돌봄이 필요한 대상으로 등장하지 않는다. 3인칭이 아니라 1인칭으로 돌봄 받을 권리에 목소리를 낸다. 이 슬로건은 아이가 돌봄의 주체이자 대상이라는 사실을 인정하고 있다.

돌봄 예외주의를 넘어, 돌봄 민주주의로

돌봄은 최대한 늦은 나이에 경험해야 하는, 어린 나이에는 되도록 피해야 하는 무엇일까? 어려서 겪는 돌봄은 불행이 될 수 있지만, 불행에만 오롯이 가둘 필요는 없다. 돌봄은

---

[*] 함성현, 〈영국 장애가족 돌보는 청소년 돌보는 시스템〉, 《에이블뉴스》 2016년 9월 27일.

삶의 조건 자체이기 때문이다. 돌봄이 곧 불행이라면 우리 삶의 조건 자체가 불행인 셈이다. 문제는 돌봄을 불행으로 만드는 맥락이다.

집 안에서 하는 돌봄은 집 밖에 나가 하는 일보다 가치가 없다고 여겨졌다. 이윤을 내지 않기 때문이다. 돌봄은 사적 영역에서 일어나기 때문에 공적 영역을 무대로 하는 생계에 견줘 가치 없는 일이 됐다. 집 안의 돌봄은 여성의 몫으로, 집 밖의 생계는 남성의 일로 여겨졌다. 이런 성별 분업은 여성 차별을 정당화하는 기제가 된다. 돌봄 없이는 가정이 굴러가지 않는데, 돌봄은 마치 없어도 되는 요소로 취급됐다. 돌봄이 불행이 되는 맥락은 이윤을 내는 일과 내지 않는 일, 공적 영역과 사적 영역, 남성과 여성 사이의 위계인 셈이다. 이런 위계를 그대로 둔 채 돌봄의 주체가 아이와 청소년으로 바뀐다면 어떻게 될까? 아이와 청소년은 돌봄의 자리를 채울 뿐 아니라 돌봄을 불행으로 만드는 맥락도 이어받는다.

돌봄 문제를 연구하는 정치학자 김희강은 이런 위계를 벗어나려면 '돌봄 민주주의'가 필요하다고 말한다. 누구도 배제되지 않은 사회로 나아가려면 돌봄이 지닌 공적 가치를 인정해야 한다. 돌봄 민주주의는 돌봄을 하거나 돌봄을 받는 위치에 있는 사람들이 겪는 피해와 불평등을 해소하는 사회를 지향한다. 돌봄 민주주의 사회에서 돌봄은 가족의 책임이 아니라 국가의 책임인 동시에 모든 시민의 권리이자 의무다.

돌봄 민주주의를 위한 다양한 제도들을 김희강은 '함께 돌봄 책임제'라는 이름으로 제안한다. 함께 돌봄 책임제는 가족 돌봄 때문에 고용에서 차별을 받지 않을 보호 장치, 돌봄에 주는 충분한 보상, 돌봄의 공적 가치를 인정하고 명시한 헌법, 모든 사회 구성원이 일정한 나이가 된 때 영유아, 노인, 장애인하고 함께할 수 있는 돌봄 책임 복무제 등이 주요 내용이다. 초중등 의무 교육 과정에 돌봄 교육을 넣자는 주장이 가장 눈에 띈다.[*]

학교에서 돌봄을 교육한다는 발상이 낯설지만, 우리 민주주의가 어떤 가치를 지향하느냐에 따라 돌봄 교육은 필수 요소가 될 수 있다. '민주시민교육'을 교과 과정에 넣은 한국 사례나 노동의 구실이나 노사 갈등 해결 등을 수업 시간에 배우는 유럽 사례를 생각하면 좀더 쉽게 다가온다. 민주 시민과 노동 시민을 사회가 인정하기 때문에 이런 수업이 마련될 수 있다. 돌봄을 하거나 돌봄을 받는 사람을 '돌봄 시민'으로 인정한다면 돌봄을 교과 과정에 넣자는 이야기가 그리 허무맹랑하지는 않다.

***

[*] 김희강, 〈돌봄민주주의 ― 자유민주주의와 사회민주주의를 넘어〉, 《한국여성학》 36권 1호, 한국여성학회, 2020.

돌봄은 누구나 겪을 수 있는 상황인데도 우리는 마치 삶에서 가장 멀리 떨어진 '예외'처럼 여긴다. 언제든 겪을 수 있지만 아무런 준비도 안 하고 정보도 없는 상태에 머무른다. 좀더 일찍 돌봄 교육을 받는다면 돌봄을 마주할 때 겪게 되는 혼란을 줄일 수 있다. 나이가 들어갈수록 쓸모가 있게 될 배움이기도 하다. 교육을 통해 돌봄이 우리 삶의 '예외'가 아니라고 배운다면, 여러 질병 상황에서 구체적으로 어떤 행동을 해야 하는지 알고 있다면, 내가 하는 돌봄이 공적 가치를 지닌다는 사실을 인정한다면, 돌봄이 끝난 뒤의 애도에 관해 한 번이라도 이야기한다면, 우리 삶은 좀더 나아진다.

돌봄 교육은 당위의 차원을 넘어선다. 누구나 삶에서 마주하게 될 순간을 각자도생으로 두지 않겠다는 의미이기 때문이다. 의무 교육 과정이 아니더라도 성장 과정에서 돌봄을 어떻게 배울 수 있게 할지 고민해야 한다. 그래야만 돌봄은 불행이나 억압이 아니라 앞으로 나아갈 '길'이 될 수 있다.

지위 대물림과 돌봄 책임의 교차로, 가족

희준은 얼마 전 아빠가 엄마에게 생활비 카드를 주는 모습을 봤다. 집안 형편이 그나마 안정된 듯하다. 예전처럼 넉넉하지는 못하지만 그렇다고 부족함을 느끼는 수준도 아니다. 형편이 안정되니 엄마와 아빠의 싸움도 잦아들었다.

자산이 줄어들고 소득이 떨어지면서 관계가 멀어지는 사이, 엄마와 아빠는 잠시나마 각자의 사회적 관계망에 기대어 지원을 받았다. 혈연이 아닌 사람들끼리 지원을 주고받는 모습을 빈곤층은 쉽게 상상할 수 없다. 경제적 수준은 돈의 규모뿐 아니라 사회적 관계까지 포함한다는 사실을 떠올리게 된다. 사회적 관계는 부모의 사회경제적 지위를 자식에게 대물림하는 데 중요한 자원의 하나다. 중산층은 사회적 관계를 거쳐 양육 문화와 정보를 공유할 수 있다. 중산층 가정에서 태어난 아이는 성장할 때 창의적 생각, 풍부한 어휘력, 관계 맺기 방식 등을 부모가 맺은 사회적 관계 속에서 습득할 수 있다. 빈곤층이 겪는 빈곤은 경제적 차원을 넘어 양육 문화에서 얻을 수 있는 생각과 태도, 사회적 관계까지 제약한다.

희준은 엄마가 아프기 전에 '비싼 사립 유치원'을 다니면서 배우고 싶은 대로 마음껏 배운 때를 기억한다. 엄마는 공부를 강요한 적이 없었다. 자기 자신이 '엘리트'이기 때문에 엄마가 공부를 강요하지 않았다고 희준은 믿었다. 어린 시절에 공부 압박을 심하게 받아봐서 자식에게는 그런 부담을 안 주려 한다고 생각했다.

투병 때문에 엄마는 양육 방식에 큰 변화를 줄 수밖에 없었다. 희준은 예전처럼 배우고 싶은 대로 마음껏 배우지 못한다. 가족이 지닌 두 측면에서 지금 희준에게는 지위 대물림 또는 지위 상승의 배경이라는 측면은 약해지고 돌봄과 부양의 책임이라는 측면은 강화됐다. 그런 교차점에서 청소년기를 보내고 있는 희준은 어떤 미래를 꿈꿀까? 희준이 가장 원하는 미래는 유학이다. 유학을 준비하는 데 필요한 교육을 지원받을 수는 없지만, '안 좋은 아파트에 살아도 미국에 있는 유명 대학에 들어간 동네 형'을 롤 모델 삼아 노력하면 유학을 갈 수 있다고 다짐한다. 학원 다니지 않는 시간은 다양한 지역 활동으로 채운다. 나를 만난 청소년 독서학교를 시작으로, 청소년 기관에서 제공하는 밴드 활동, 마을 축제 기획단 등 힘닿는 대로 다 참여한다.

희준의 일상은 두 가지 상반된 가치 사이를 진동한다. 경쟁에서 우위를 차지하고 싶은 마음과 협력하면서 함께 살아가고 싶은 마음이다. 경쟁에서 우위를 차지해 성공하고 싶다가도 중학생 때부터 지나친 경쟁에 지쳐 힘들어하는 친구들이 걱정된다. 뭐든 하고 싶으면 다 배운 때를 그리워하면서도 지역에서 다양한 활동을 하는 지금이 좋다. 일상에서 경쟁의 세계와 협력의 세계를 오간다.

어쩌면 경쟁과 협력을 오가는 일상은 영 케어러들에게 평범한 삶일지도 모른다. 영 케어러 문제를 연구한 일본 사회학자 시부야 도모코는 영 케어러들이 '등교 거부'를 하게 되는 이유를 살핀다. 거기에는 경쟁과 협력을 오가는 혼란이 스며들어 있다. 인지 저하와 뇌전증을 앓는 할머니를 고등학교 1학년 때부터 6년 동안 돌본 어느 영 케어러는 등교를 거부한 이유를 이렇게 말했다.

> 학교는 자신이 할 수 있는 일을 늘리고 능력을 키워 타인에게 도움을 주는 사람이 되라고 하죠. 알아요. 하지만 집에 계신 제 할머니는 할 수 있는 일이 점점 줄어요. ……∴ 학교는 능력 향상을 중시하지만, 집에서는 그렇지 않아요. 돌봄이 필요한 사람이 능력을 키우거나, 할 수 있는 일이 늘어날 일은 없으니까요. …… 그런 사람 옆에 있으면 마음속에서 모순이 생겨요. 내 가족이 할 수 없는 일이 점점 늘어나는데, '가치가 있는 사람일까'라는 생각이 서서히 싹트죠. 이런 모순에 가장 많이 직면하는 사람이 영 케어러 아닐까요.[*]

그 영 케어러는 학교 다니는 내내 학교와 집 사이에서 헤맸다. 대립되는 두 가치 사이에서 무엇을 존중하고 긍정해야 할지 알지 못한 때문이었다. 그런 방황이 큰 스트레

---

[*] 시부야 도모코, 《영 케어러》, 박소영 옮김, 황소걸음, 2021, 121~122쪽.

스였는데, 주변 어른들은 별로 관심을 두지 않았다. 학교를 가지 않기로 한 뒤에야 그 영 케어러는 집에 있는 할머니를 존중하고 긍정하게 됐다.

대립되는 두 세계 사이에서 방황하는 영 케어러의 일상을 마주한 나는 이런 질문을 떠올린다. 어른들은 어떤 세계가 더 중요하며 필요하다고 말할까? 아니, 그런 말을 할 수 있는 어른은 어떤 세계를 더 중요하게 생각하면서 살아왔을까? 돌봄이 '길'이 되려면 어떤 세계가 돼야 할까?

지위 대물림과 돌봄 책임이 교차하는 가족이라는 장에 우리가 던져야 하는 질문 같았다. 돌봄과 협력을 강조하면서도 경쟁과 이윤을 먼저 추구하는 몇몇 어른의 행태가 바로 '내 가족을 위한다'는 미명 아래 벌어진 때문이었다. 돌봄이 길이 되려면 그런 어른들이 만들어낸 오늘의 세계를 마주해야 한다. 희준의 돌봄은 어떻게 길이 될 수 있을까?

4장

거리를
조율하기까지

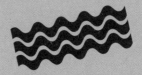

한 아이가 초등학교를 마치고 집으로 갔다. 엄마는 집에
온 아이에게 물었다.

"아줌마 누구세요?"

엄마는 천진한 표정으로 아이를 '아줌마'라고 연신 불렀
다. 옷을 제대로 걸치지 않고 대소변도 가리지 못한 모습
이었다. 아이는 낯선 엄마의 행동을 불안하게 지켜봤고, 엄
마는 낯선 존재를 신기하게 바라봤다.

아이는 엄마하고 일상적인 대화를 나눈 적이 없었다.
엄마가 차린 음식에는 곰팡이가 잔뜩 슬어 있을 때가 많
았다. 엄마는 오빠를 보고는 하느님이라고, 예수가 왔다
고 말하기도 했다. 아빠는 엄마를 자주 때렸고, 동네 사람
들은 엄마를 피했다. 아이는 그런 모습에 익숙했지만 딸을
몰라보는 엄마는 처음이었다. 아이는 뭐라도 해서 먹여야
겠다고 생각했다. 죽을 쒀서 엄마 입에 떠먹였다. 그래야
엄마의 정신이 더 멀리 달아나지 않을 듯했다.

"그때의 냄새, 분위기, 어머니의 아이 같은 표정, 아직
도 기억이 나요."

아름은 그때 느낀 공포가 아직도 선명하게 떠오른다.
30년 가까이 지난 일인데도 말이다. 엄마가 자기를 알아보
지 못한 일이 무엇 때문인지 알 수는 없지만, 20년이 지난
뒤 엄마는 조현병 진단을 받았다.

어린 시절 기억이 남긴 질문들

조현병은 전체 인구의 1퍼센트, 곧 100명당 1명에게 나타나는 흔한 질병이다. 사회적 낙인과 고립 때문에 세상에 잘 드러나지 않을 뿐이다. 100명당 1명이라는 높은 발병률은 조현병 당사자의 자녀, 부모, 형제도 우리 주변에 적지 않다는 사실을 말해준다.

조현병 당사자의 혼인율은 비당사자에 견줘 낮지만 결혼 뒤 출산율은 비슷하다. 정신과 전문의 이상훈은 조현병을 약물로 치료하기 시작한 1970년대부터 조현병 당사자들이 낳은 아이들이 이제 30~40대에 접어든다고 말한다.[*] 조현병 당사자도 드러나지 않는 마당에 조현병 있는 부모를 둔 자녀의 경험은 제대로 이야기될 수 있을까?

조현병 있는 부모를 둔 아이들은 30~40대가 될 때까지 혼자서 살아남을 가능성이 크다. 조현병 있는 부모하고 어떻게 관계를 맺어야 하는지, 통제 불가능할 듯한 상황을 마주한 때 어떻게 행동해야 하는지, 자기에게 벌어진 일들을 어떻게 소화해야 하는지, 앞으로 어떻게 살아가야 하는지 등은 그 아이들이 생애 내내 품어야 하는 고민일지 모른

---

[*] 이상훈, 〈"정신장애인 부모 둔 자녀들에게 연령대별 교육 프로그램 지원해야"〉, 《마인드포스트》, 2020년 7월 22일.

다. 지난날 아름의 생애가 그러하듯 말이다.

아름은 가정 폭력 피해 생존자이자 조현병 있는 엄마를 돌보는 돌봄자였다. 어린 시절부터 돌봄을 받았다고 할 만한 기억이 없다. 집 안에서 벌어지는 일들을 오빠하고 함께 뒤처리하기 바쁜 나날이었다. 30대 후반이 된 아름은 여성에게 안전한 일터와 여성의 경제적 자립을 고민하는 노동사회학 연구자가 됐다. 조현병 있는 부모를 둔 자녀를 연구하는 문제도 고민한다. 지난 경험을 되짚으며 다시는 그런 일이 반복되지 않을 수 있는 '대안'을 마련하고 싶다.

아름에게 어린 시절 기억은 숙제처럼 커다란 질문들을 남겼다. 그 질문들하고 함께 삶의 행방을 정해왔다. 아름은 지금도 질문들의 답을 찾고 있다. 어쩌면 우리가 살아가기 위해 '좋은 질문'이 필요할지 모른다. '좋은 답'이 있는지는 알 수 없다. 다만 좋은 질문에 답을 찾아가는 여정처럼 삶을 살아갈 수는 있다. 좋은 질문은 그 여정을 견딜 힘이 될 수도 있을 테니 말이다. 아름은 이제껏 어떤 질문들을 쥐고 살아냈을까?

우리가 알아서 해결해야 된다는 느낌

"늘 집에 있는 게 긴장을 늦출 수가 없는 공포의 연속이었어요. 언제 갑자기 조용하다가 다 뒤집어질지도 모르고, 엄마가 무슨 사고를 칠지 알 수 없으니까요. 아버지가 많이 괴롭혔고, 오랫동안 죽지 않을 만큼 많이 때렸어요. 엄마는 많이 참았죠. 그러다 싸움이 나면 저렇게 싸울 수가 있나 싶을 정도였어요. 육체적으로 싸우려면 진짜 힘이 있어야 되잖아요. 제가 기억하는 건, 눈 뜨면 주먹이든 물건이든 치고받는 모습이에요. 저는 하루 종일 쫓아다니면서 치우고, 말리고, 엄마 옷 입힌 기억밖에 안 나요. 엄마가 거의 맨날 아프고 정서적으로 무너지니까 자기를 잘 추스르지 못했거든요. 쫓아다니면서 돌봐준 거 같아요. 아주 어릴 때부터."

아버지는 평생 집안에 관심이 없었다. 주로 파트타임으로 일했고, 남는 시간에는 노점상을 차려놓고서 막걸리를 마셨다. 늘 자기밖에 모르고 수틀리면 다 뒤엎기 일쑤였다. 무슨 일이든 남 탓부터 하는 사람이었다. 엄마는 스무 살 때 그런 아버지를 만나 결혼했다. 엄마는 아버지의 폭력에 시달리며 자주 환청과 망상을 겪었다. 집 밖에서 깨진 그릇이나 쓸모 다한 잡화를 주워 왔다. 베란다에는 늘 버려진 물건들이 가득 쌓여 있었다. 폭력과 정신 질환이 마구 뒤섞인 나날이었다.

엄마가 증상이 심해질 때마다 아름은 외할머니에게 전화를 걸었다. 문제가 벌어지면 나서서 해결하는 유일한 어른이었다. 할머니는 정말 큰일이 나지 않으면 직접 오지 못했다. 할머니에게 엄마는 첫째 딸이었고, 그 아래 자식만 여섯이었다. 고등학생부터 초등학생까지, 막내는 아름하고 나이도 얼마 차이 나지 않았다. 할머니도 여전히 자식들을 돌봐야 했다. 성인이 되고 가정을 꾸리고 자식을 낳은 첫째 딸까지 신경쓸 여유가 없었다.

할머니가 집까지 오는 날이면 엄마는 한 달 정도 집을 비웠다. 할머니는 엄마가 집을 비운 이유를 이렇게 말했다.

"엄마, 어디 좀 아프고 우울하대."

그렇게 엄마는 병원에 입원했다. 엄마가 다시 집에 돌아오면 아름은 한동안 분주해졌다. 할머니가 타서 주는 약봉지를 받아와 엄마에게 약을 먹이는 일이 아름의 몫이었다.

아름과 오빠는 서로 먼저 챙기는 사이였다. 어떤 문제가 벌어지면 함께 힘을 모아 해결하려 노력했다. 두 사람의 생존법이었다. 그렇지만 증상이 심해지면서 남매가 힘을 모아 해결할 수 있는 수준을 넘어섰다. 예상하지도 못했고, 대처하는 법도 모르는 일들이 태반이었다. 아름이 고등학생이고 오빠가 막 성인이 된 때 일이었다.

현관문 열리는 소리가 났다. 꼭두새벽이었다. 소리에 잠을 깬 남매는 밖으로 나갔다. 엄마는 실오라기 하나 걸치지 않은 채 동네를 쏘다니고 있었다. 동네 사람들이 볼까 두려웠다. 서둘러 엄마를 집으로 데려왔다. 엄마를 진정시킨 뒤 남매는 머리를 맞댔다. 다시 이런 일을 벌어지지 않게 하려면 무엇을 해야 할까. 밤을 새워 고민해도 마땅한 해결책이 보이지 않았다. 엄마가 다시는 그런 행동을 하지 않기를 바라는 수밖에 없었다. 아름과 오빠는 학교 갈 채비를 하면서 불안을 삼키고 또 삼켰다.

"가장 안타까운 건 그럴 때 그냥 좋은 정신과 입원해서 치료받으면 됐는데, 저나 오빠나 어릴 때부터 '우리가 알아서 해결해야 된다'고 늘 느꼈어요. 아빠는 관심도 없고. 저하고 오빠하고 둘 다 성인이 다 됐는데도 엄마를 묶어놓아야 하냐, 돌아가면서 보초를 서냐, 이런 고민을 했어요. 사실 그런 일 생기면 입원해서 치료받으면 됐어요. 엄마 병에 관한 인식이 있었으면 더 빨리 치료했을 텐데, 우리는 다 컸는데도 이런 상황이 너무 익숙하니까 계속 알아서 해결하려고만 했어요."

가난과 폭력을 벗어난 길

아름이 대학 진학을 앞둔 무렵 오빠는 군대에 갔다. 집에서 살림을 하거나 엄마를 챙길 손은 아름뿐이었다. 아버지는 대학에 들어가 집을 떠나려는 아름을 극구 반대했다. 그렇지만 아름에게 대학이란 집을 떠날 수 있는 기회였다.

당장 떠나지 않으면 스트레스 때문에 먼저 죽을 수도 있다는 생각뿐이었다. 피난 가듯 독립을 했다. 집에서 40분 거리 원룸이었다.

얼마 지나지 않아 아름의 원룸은 엄마의 피난처가 됐다. 엄마는 아빠에게 곤죽이 되도록 맞아서 도망 오기 일쑤였다. 원룸에 며칠 머물다가 집으로 돌아가기를 반복했다. 아름은 집에 돌아간 엄마의 삶이 어떨지 모르지 않았지만, 당장 밀려드는 생활에 쫓겨 다녔다. 아름은 도망갈 곳이 없었다.

아름은 학창 시절 내내 법학과를 지망했다. 성공한다는 약속이 있는 곳 같았고, 아버지처럼 폭력을 저지른 사람들이 제대로 처벌받는 세상을 만들 수도 있을 듯했다. 막상 법학과에 진학한 뒤에는 제대로 공부한 적이 없었다. 학교 다니는 시간보다 여러 아르바이트를 전전한 나날이 더 많았다. 학비와 생활비뿐 아니라 필요하다고 할 때마다 집에 보내야 하는 돈까지 벌어야 했다.

일에서 일, 일에서 공부를 오가는 동안, 전화벨은 쉴 새 없이 울렸다. 발신자는 대부분 아버지였다. 하루에 열 통 넘게 오는 전화를 받느라 아름의 시간은 자주 멈췄다. 전화를 받지 않을 수도 없었다. 아빠가 엄마를 때릴지 모른다는 예감 때문에 전화벨은 비상벨이나 다름없었다. 모든 일을 제쳐두고 집에 달려가면 별일 아닌 때가 허다했다. 공부 아닌 데 시간을 쏟을수록 가난과 폭력을 벗어날 길은 점점 멀어졌다.

아름이 무늬만 대학생으로 지내는 동안 같은 학과 동기들은 온전한 대학생으로 살았다. 동기들은 대부분 안정된 집에서 자랐다. 법전을 열심히 들여다볼 수 있는 시간과 자원을 지닌 이들이었다. 동기들에게 '성공'은 시간이 흐르면 주어지는 당연한 보상처럼 보였다. 아름은 학창 시절 내내 '노력'과 '성공'의 연결 고리를 부여잡았다. 법학과에 들어가고 나서야 비로소 깨달았다. 지난날 아름이 부여잡은 노력과 성공의 연결 고리는 오래전부터 끊어져 있었다. 가난과 폭력을 벗어날 길은 애초부터 없었을까. 아름은 자기 힘으로 어쩔 수 없는 뭔가를 느꼈다. 태어나서 처음 느낀 박탈감이었다.

칼을 든 엄마, 수면제 삼킨 딸

제대한 오빠는 대학을 다니면서 부모님하고 함께 살았다. 아름이 집에 얽매이지 말고 독립해서 자기 삶을 살아가라고 말해도 오빠는 집에 남는 길을 선택했다. 오빠와 엄마와 아버지가 함께 사는 집에서 어떤 일들이 벌어질까. 아름은 알바를 하거나 공부를 할 때마다 자주 최악의 순간을 상상했다. 오빠에게 전화가 온다. 엄마와 아버지를 죽였다고 오빠가 말한다. 돌이킬 수 없는 강을 건너는 일, 아름이 상상한 최악의 순간이다. 현실이 돼도 납득할 수 있을 듯했다. 오빠는 함께 힘을 모아 해결하던 일들을 혼자 감당하고 있을 테니까.

아름이 한 최악의 상상을 현실로 만들어준 사람은 오빠가 아니라 엄마였다. 엄마는 칼을 들었다. 아버지에게 셀 수 없이 맞았지만, 처음이자 마지막 반격이었다. 아버지는 목숨이 위태로울 정도로 피를 흘렸다. 긴 시간을 두고 보면 정당방위였지만, 누가 어떻게 처벌받을지 알 수 없었다. 막상 경찰서에서 조사받을 때는 가족 모두 입을 맞춘 듯 아무 일 없었다고 말했다. 서로 모의를 하지도 않았는데, 누가 먼저라고 할 것도 없이 사건을 덮어버렸다.

"왜 그랬을까요? 문제를 만들고 싶지 않았는지, 저희가 아무 일도 없었다고 했어요. 왜 그랬는지 잘 모르겠어요."

가족들 모두 출혈, 응급실, 경찰 조사 등으로 범벅이 된 며칠을 보냈다. 아빠는 다친 곳을 수술하러 병원에 입원했고, 엄마는 조현병을 치료하러 정신 병동에 입원했다. 이런저런 일을 마치고 원룸으로 돌아온 아름은 수면제를 한가득 삼켰다. 이틀이 지나서야 눈을 떴다.

"어지간히 먹어서는 안 죽더라고요."

눈을 뜨니 마음속에 뭔가 더 해보고 싶다는 의지가 자

라 있었다. 이미 바닥이라고 생각하니 차라리 마음이 편했다. 최악의 상상이 현실이 된 충격은 아직도 얼얼했다. 얼얼함은 익숙한 대상을 낯설게 되돌아보게 했다. 이제까지 아름은 폭력과 질병이 너무 익숙해서 감내하는 길만이 최선이라고 여겼다. 그렇지만 감내가 최선이 아닐지도 몰랐다.

"문제를 알면 해결할 수 있는 길을 찾아볼 수 있는데, 문제를 문제라고 인식 못 하면 길을 못 찾는 거죠. 문제를 문제라고 생각하는 그 순간부터는 좀 나아갈 길을, 조금씩 나아가는 길을 찾은 거 같아요. 그때 엄마의 병을 공부하기 시작했고, 가정 폭력도 공부를 했어요. 저 스스로 공부를 하면서 많이 해방감을 느꼈어요. 내가 왜 절망했는지, 왜 죽고 싶었는지, 비슷한 사례도 보고 책도 읽었어요. 연민에 빠지지 않고 객관화하려고 노력했어요."

엄마는 어릴 때부터 오빠를 애지중지한 반면 아름은 업신여겼다. 어린 시절 내내 아름은 스스로 왜 홀대받는지 알 수 없었다. 가정 폭력을 공부하면서 엄마가 차별한 이유를 알았다. 차별은 엄마가 아버지의 폭력을 견디는 방법이었다. 엄마는 아버지의 폭력을 피해 오빠에게 달아나 숨었고, 폭력으로 쌓인 스트레스를 아름에게 풀었다. 그렇게 엄마는 겨우겨우 하루를 살아냈다. 가정 폭력이 벌어지는 가정에서 일어날 수 있는 관계의 양상이었다. 오랫동안 아름을 사로잡고 있던 서운함이 객관화되는 발견이었다.

"보통 많이 맞고 사는 아내들이 집에서 가장 약한 존재를 심리적으로 괴롭힌대요. 자기가 받은 피해를 누구한테든 쏟아내야 하는 거예요. 자기도 마음이 감당이 안 되니까. 보통 집에서 서열 낮은 누군가죠. 남편이 딸을 성추행하는데도 지켜만 보는 사례도 있어요. 나를 괴롭힐 걸 쟤를 대신 괴롭히는 거니까요. 나중에 그런 사례들을 보니까 되게 비슷한 거예요. 굉장히 일반적인 반응인 거죠. 엄마야 정신 질환이 가미돼서 훨씬 과했지만, 왜 나를 미워하고 오빠는 예뻐한지 알겠어요. 유일하게 의지할 수 있는 사람이 아들이라고 본인이 설정을 한 거예요. 옛날에 많은 엄마들이 그런 것처럼."

아름은 법학과 대학원에 진학하기로 했다. 공부를 하려면 풀타임 직장과 과외 교사를 병행해야 하지만 어쩔 수 없었다. 젠더 법학을 공부하자는 마음뿐이었다. 젠더 법학은 가정 폭력, 성폭력, 성매매, 성희롱 같은 문제를 법의 관점에서 접근하고 해결하려는 학문이었다. 엄마가 겪은 가정 폭력에 관해 더 공부하고 싶었다. 대학을 졸업한 뒤 취직한 첫 직장에서 겪은 일도 젠더 법학을 선택하는 데 큰 몫을 했다.

첫 직장에서 중년의 남성 상사에게 성적 괴롭힘을 당했다. 아름이 피해자인데도 매서운 눈초리는 아름에게 향했다. 견디지 못하고 직장을 관뒀다. 노력은 좋은 결과로 이어진다는 연결 고리가 끊어진 현실을 다시 한 번 확인했다. 이번에는 '여자'이기 때문이었다. 애초에 아름이 여자가 아니라면 겪지 않을 성적 괴롭힘이었다. 아름이 겪은 성적 괴롭힘과 엄마가 겪은 가정 폭력은 같은 구조 속에 있었다. 결국 엄마도 '아내'이기 때문에 폭력의 대상이 됐다. 남성이 여성에게 가하는 폭력이 정당화되는 경험을 엮다 보니 젠더 법학에 가닿았다.

아름은 공부하는 내내 괴로움에 시달렸다. 지난날 겪은 일들하고 꼭 닮은 사례들을 들여다봐야 했다. 예민해질 수밖에 없었다. 게다가 공부를 하면 할수록 법만으로 해결하지 못하는 현실이 눈에 더 잘 들어왔다. 그때쯤부터 여성 폭력을 상담하는 센터에서 상담 활동을 시작했다. 사례를 들여다보고 있기보다는 직접 문제를 해결하도록 돕고 싶었다. 아름도 심리 상담을 받기로 했다. 지난날 겪은 일들을 마주하고 응시하는 시간이 필요했다. 심리 상담을 하면서 가정에서 겪은 방임과 폭력, 직장에서 겪은 성적 괴롭힘을 들여다봤다.

자기 내면을 들여다보고, 엄마의 생애를 되돌아보고, 많은 여성이 겪은 폭력을 마주하는 시간을 보냈다. 좀더 근본적인 해결책을 마련하는 사람이 되고 싶었다. 젠더 법학은 주로 폭력이 발생한 '이후'에 회복하는 과정에 초점을 맞춘다. 폭력이 발생하기 '이전'부터 여성들이 안전하고 행복한 삶을 살 수는 없을까. 아름은 폭력이 발생하기 이전의 세계에서 안전을 견고하게 만들고 싶었다. 무엇이 필요할까 생각했다.

폭력을 겪는 여성들이 가정에 붙잡혀 있는 가장 큰 이유는 돈이었다. 경제적으로 종속되지 않고 자립할 수 있는 능력이 폭력 상황을 벗어나는 핵심 요소였다. 또한 경제적 자립은 폭력 피해자뿐 아니라 여성 전체의 '행복한 삶'에 필수적이었다. 여성의 주체성이 확립돼야 가정과 일터의 문화도 바뀔 수 있었다.

폭력이 발생하기 이전의 세계를 만드는 데 기여하려고 대학원에 다시 진학했다. 노동사회학을 공부하기로 했다. 지금 아름은 여성의 경제적 자립, 여성에게 안전한 일터, 여성 노동자가 목소리를 내는 과정에 집중하고 있다.

조현병, 엄마의 엄마가 됐다

엄마는 정신 장애 3급을 판정받았고, 10년 동안 적극적으로 치료했다. 요즘은 감정 표현이 적을 뿐 조현병 증세는 많이 좋아졌다. 아름은 오로지 의학적 치료 덕분은 아니라고 생각한다. 딸이 잘사는 모습을 보면서 흡족한 느낌을 받은지도 모르고, 천주교라는 종교를 접하면서 마음이 안정된 덕분인지도 모른다. 그런 생각을 하다 보면 엄마 삶에 위안이 될 요소를 더 많이 안겨주고 싶다.

엄마는 10년 전부터 꾸준히 수영을 한다. 엄마를 처음 수영장에 데려간 날을 아름은 잊지 못한다. 수영장 바깥에서 아이들을 지켜보는 엄마들 사이에서 발장구 치는 엄마를 지켜봤다. 아이처럼 좋아하는 엄마가 보였다. 엄마도 충분히 신나고 즐겁고 재미있어 할 수 있는 사람이었다. 이 당연한 기쁨이 새삼스럽기만 했다. 아주 오랫동안 엄마의 삶에 부재하던 기쁨이라서 더욱 그랬다. 아이들을 지켜보는 엄마들 사이에서 아름은 엄마의 엄마가 됐다.

현재 정신 장애 3급인 시민이 받는 지원은 세금을 감면하거나 공공시설을 무료로 이용하는 정도다. 좀더 실질적인 지원이 필요하다. 고립되지 않고 적극적으로 사회에 참여할 수 있게 도와야 한다. 지난 10년 동안 엄마가 나아가는 과정을 보면서 조현병 환자가 사회에 지속적으로 연결되는 일이 얼마나 중요한지 알게 됐다. 다양한 활동을 할 수 있게 정신 장애 당사자가 참여하는 프로그램이 많아져야 한다. 집에도 사람들이 드나들 수 있으면 좋겠다. 의사, 사회복지사, 심리 상담사 등이 찾아와 조현병을 함께 관리하면 더할 나위 없겠다. 이제 아름에게 엄마의 조현병은 감당해야 하는 짐이 아니라 더불어 살아갈 수 있는 질병이 됐다. 이 길을 찾는 데 참 오랜 시간이 걸렸다.

아름이 길을 찾는 동안, 오빠에게 지난 경험은 무엇으로 남았을까. 오빠는 직장은 잘 다니지만 강박적 모습을 보이고 공황 장애를 겪는 등 자기 자신을 통제하는 데 힘들어한다. 아름이 집을 나온 뒤 많은 일을 혼자 겪었다. 아름의 오빠를 만나 이야기하고 싶은데 길을 찾지 못했다.

대신 조현병 있는 부모를 둔 아들 이야기를 통해 오빠의 자리를 가늠해보려 한다. 조현병 있는 부모를 둔 아들의 경험에 초점을 맞춘 수전 나티엘은 《세상이 지켜주지 못한 아이들》을 펼쳤다. 아들 12명을 인터뷰해 딸하고는 다른 남성의 특성을 파악하려 한 나티엘은 심리 치료사이자 조현병 있는 어머니의 딸이다. 먼저 조현병 있는 부모를 둔 딸 20명을 인터뷰한 뒤, 그다음 작업으로 조현병 있는 부모를 둔 아들 12명을 만났다.

조현병 있는 부모를 둔 아들들을 인터뷰하게 된 이유는 오빠 때문이었다. 오빠는 자기 탓에 어머니가 조현병에 시달린다고 생각하면서 오랜 방황을 겪었다. 하버드 대학교 의과 대학을 나와 정신과 의사가 되지만, 어머니를 조현병에서 구하지 못한 죄책감에 시달리다가 40대에 접어들어 스스로 목숨을 끊었다. 사체에서는 마약이나 알코올이 검출되지 않았다. 왜 그랬을까. 오빠의 행적을 쫓던 수전은 오빠가 어머니의 질병하고 관계 맺은 방식이 여성인 자기하고는 너무 다르다는 데 주목했다.

"정신 질환에 대한 우리의 침묵은 많은 아이들에게 자신이 부모님의 병을 유발시켰다고 믿고, 그것을 치료하는 일이 자신의 책임이라고 믿게 만든다는 사실을 의미한다. 아이들은 자신이 주위에 일어난 모든 일들의 원인이 아니라는 사실을 이해할 만큼 심리적으로 성숙하지 않다. 어른들이 아이들에게 이야기해주지 않는다면, 아이들은 무언가 자신들의 잘못이라고 자동적으로 가정하게 된다. …… 특히, 남자에게 있어서 정신 질환에 대한 낙인, 감정적인 강인함에 대한 '남자다움', 정신 질환이 있는 부모에 대한 현실은 압도적이고, 상충하는 욕구의 압력솥과 같다."[*]

정신 질환에 관해 자유롭게 말할 수 없는 문화 속에서 아이는 자기가 겪는 혼란을 아무하고도 나눌 수 없다. 게다가 남성은 혼란이나 불안을 겉으로 드러내지 않는 '남성다움'을 체화하며 성장한다. 결국 스스로 막대한 책임감을 짊어진다. 모든 사태를 바로잡을 사람은 자기뿐이라고 생각하게 된다. 정신 질환에 붙는 '낙인'과 남성다움을 강요하는 '양육 문화'가 바뀌지 않으면 수전의 오빠 같은 상황이 반복될 수밖에 없다. 그런 아이를 만난 때 어른들은 이렇게 말해야 한다.

---

[*] 수잔 L. 나티엘, 《세상이 지켜주지 못한 아이들》, 이상훈 옮김, 아마존의 나비, 2020, 440쪽.

"너희들 때문에 일어난 일이 아니야. 너희들이 그 병을 고칠 수 없어. 하지만 도울 수는 있지. 질문을 해도 좋고, 도움을 요청해도 좋아. 너희들과 관계없는 일에 죄책감이나 실패의 부담을 가질 필요 없단다. 그러니 네 생활을 계속 유지하거라."[*]

가까이 또는 멀리, 거리를 조율하는 삶

아버지는 여전히 술을 많이 마신다. 더는 폭력을 행사하지 않는다. 나이들고 노쇠한 탓인 듯하다. 엄마는 여전히 아름을 못 미더워하지만 오빠하고는 살갑게 지낸다. 아직도 서로 믿고 의지한다. 오빠는 지금도 부모님하고 함께 살아간다. 아름은 독립하라며 오빠를 몇 년 동안 설득했다. 지나친 책임감 때문인 듯도 하고 어떨 때는 엄마한테 매여 있는 듯도 하기 때문이었다. 오빠는 희생이 아니라 편안해서 같이 산다며 오히려 아름이 걱정을 덜기를 바랐다. 곧 마흔인 오빠는 결혼 생각이 없다. 아름은 이제 오빠가 한 선택을 이해한다.

[*] 수잔 L. 나티엘, 《세상이 지켜주지 못한 아이들》, 이상훈 옮김, 아마존의 나비, 2020, 442~443쪽.

7년 전, 아름은 결혼했다. 남편도 공부하는 사람이다. 남편이 공부할 때는 아름이 생계를 도맡았고, 지금은 공부에 집중하는 아름을 대신해 남편이 주로 돈을 번다. 돈 몇백 만 원을 모아서 엘에이치 주택부터 시작했다. 양쪽 집안에서 지원을 받지 말자는 원칙이 있었다. 두 사람의 관계는 그만큼 독립적이고 끈끈했다. 늘 불안하던 아름의 삶에 남편은 안정감을 줬다.

"힘들 때마다 친구랑 수다 떨어서 해소하고 그렇지 못하고 늘 혼자 삭이는 성격인데, 이제 남편이랑 많은 걸 공유하거든요. 조언도 많이 해줄 뿐 아니라, 좋은 친구이자 배우자를 만난 게 인생에서 제일 크죠."

갈등이 없지는 않다. 무엇보다 남편은 아름의 가족을 잘 이해하지 못한다. 같이 엄마를 만나러 가면 남편은 집에 들어가지 못한다. 집이 지저분하기 때문이다. 아름은 익숙하지만 남편에게는 난생처음 보는 광경이었다. 남편은 아름이 엄마하고 소통하는 모습도 의아해한다. 아름은 조현병으로 무너진 엄마의 언어 체계를 고려해 이 세상의 모든 단어와 현상을 구연동화처럼 풀어서 묘사한다. 남편은 때때로 꼭 그렇게 해야 하냐고 묻는다. 왜 이런 방식을 써야 하는지 설명하면서도 아름은 자기에게 너무 익숙한 소통 방식을 한번 되돌아본다. 당장은 완벽히 이해하지 못해 갈등이 생기기도 하지만 서로 노력하면서 '힘'을 얻는다.

30대 후반이 된 지금 아름은 비로소 안정된 삶을 찾았다. '평범'한 일상을 누리는 데 오랜 시간이 걸렸다. 성인이 된 뒤에도 돈 걱정, 미래 걱정, 사고 걱정을 하면서 전전긍긍했지만, 아무것도 달라지지 않았다. 지난날 아름에게는 '거리감'이 가장 필요했다.

"제가 의식적으로 가족한테 거리감을 만들었던 거 같아요. 너무 개입하면 제가 같이 무너지더라고요. 거리를 두고 내가 서 있어야 돌볼 수도 있잖아요. 적당히 거리를 두고 있어야 부모님이 일을 벌여도 나도 웃으면서 넘길 수도 있고요. 마지막 순간에는 늘 저를 위한 선택들을 했던 거 같아요. 부모님을 안 놓으려고요. 끝까지 놓지 않고 붙들고 있으려고요. 그러기 위해서 꼭 마지막에는 제 중심적으로 선택하며 살았어요. 너무 가까워서 서로 죽일 정도의 시간도 보내고, 좀 떨어져서 걱정돼서 죽을 거 같은 시간도 겪어보니, 현실적으로 조율하게 되는 거죠."

돌봄이 필요한 이하고 심리적 거리를 유지하면서 나를 잃지 않기. 당연해서 하나 마나 한 소리처럼 들리지만 막상 누군가를 돌보는 사람에게는 쉽지 않은 일이다. 에너지의 대부분을 돌보는 상황에 쏟기도 하고, 돌봄이 필요한 이를 내버려두고 나만 편안하게 있는 시간에 묘한 죄책감이 들기도 한다. 그렇지만 내가 지치면 누군가를 돌볼 수 없다. 내가 나를 잘 돌봐야만 타인을 돌보는 일도 지속할 수 있다. 그러므로 심리적 거리를 만드는 데 에너지를 쏟아야 한다.

거리는 돌봄 받는 이의 처지를 헤아리는 계기가 되기도 한다. 너무 동일시하면 안 드러나는 특징도 보이고, 보호라는 이름으로 존중하지 않던 부분도 확인할 수 있다. 지난날 아름에게는 자기가 꼭 가족들의 문제를 해결하거나 개선해야 한다는 강박이 있었다. 거리를 벌리니 그런 강박을 벗어날 뿐 아니라 가족들의 고유한 리듬도 느낄 수 있었다. 가족들의 삶을 '문제'로 보기 이전에 그 삶 자체를 '인정'한 덕분이었다. 가족들이 도움을 요청하거나 꼭 도움이 필요하다고 판단될 때만 돕기, 아름이 더불어 살기 위해 만든 관계의 규칙이었다.

더 나은 삶을 위한 말하기

인터뷰를 한 뒤 아름은 며칠 동안 심한 몸살을 앓았다. 지난 기억을 잘 정리했다고 생각했는데, 다시 끄집어내니 아직 해결되지 않은 감정들이 살아났다. 지식을 통해 객관화하지 않고 당사자의 위치로 돌아가서 말한 방식이 화근이었다. 지난번 심리 검사에서 아직 트라우마 수치가 남아 있는 기억들이었다. 그렇다고 말하기로 한 선택을 후회하지는 않는다. 어디선가 혼자 이런 문제에 골몰하고 있을 이를 떠올린다. 아름은 자기가 선택한 '말하기'가 그런 이들에게 더 나은 삶을 위한 힌트가 되기를 바란다.

"도저히 해결할 수 없을 것 같던 문제들을 조금씩 해결해 왔어요. 직장을 다니면서도 계속 공부하면서 '깨달음'이 있었던 거 같아요. 나 개인의 치료나 회복뿐 아니라, 사회 구성원을 위해서 공부하고 일하고 싶다는 지향점이 있었어요. 그게 저에게 큰 힘이 됐어요."

5장

술이 채운 삶,
삶을 채울 집

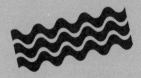

얼굴에 주먹이 날아들었다. 형수가 술을 마시겠다면서 방을 나서려는 남동생을 몸으로 막아선 직후였다. 정신이 아득했다. 방 안에 갇힌 동생은 주먹을 한껏 들어 올리며 형수를 겁줬다.

"친다, 친다."

형수의 등 뒤에 서 있던 외할머니는 다그쳤다.

"너한테 술 판 데 찾아서 경찰에 신고한다."

그 말이 기폭제가 된 듯 주먹이 뻗어 나왔다.

주먹을 날린 동생은 더 날뛰었다. 형수는 서둘러 아득한 정신을 부여잡았다. 정신이 아득해지는 일 앞에서 맨 먼저 정신을 차려야 하는 사람은 늘 형수였다. 동생을 눕혀 온몸으로 짓눌렀다. 평소에는 동생이 더 힘이 셌지만, 지금은 만취 상태였다. 동생이 잠잠해지는 듯했다.

침대에 걸터앉아 있던 동생이 벌떡 일어났다. 비틀거리며 부엌으로 한 발 한 발 걸어갔다. 형수가 돌아본 때 동생은 손에 부엌칼을 쥐고 있었다. 칼을 쥔 동생이 형수를 노려봤다. 여러 번 칼을 빼든 적이 있지만 형수가 목표물이 된 적은 처음이었다. 동생은 열아홉 살, 형수는 스물한 살이었다. 그날 동생의 칼은 형제 사이를 갈라놓았다. 벌써 5년 전 일이다.

"제가 열아홉에서 스물하나까지 한 2년 동안 동생은 언제 터질지 모르는 시한폭탄이었어요. 그러다 칼을 빼들었어요. 그때 마음이 아예 떠났어요. 애랑은 아무 형제 관계도 아니고 남남이구나 싶었죠."

아직 어린 삶을 채운 술

술에 얽힌 사연 하나 없는 사람이 얼마나 될까. 보건복지부 '2016년도 정신질환실태 조사'에 따르면, 알코올 사용 장애의 평생 유병률은 12.2퍼센트다. 정신 질환 중에서 가장 높다. 술은 다양한 질병, 사고, 폭력으로 이어진다. 이런 문제들은 '술이 웬수'라는 말처럼 술만 없으면 해결될까? 그렇다면 술을 마시지 않겠다는 굳은 '의지'가 중요하다. 마시지 않겠다는 굳은 의지가 없다면 술 때문에 벌어지는 피해는 스스로 감당해야 마땅해 보인다. 오로지 '개인'의 선택이자 의지의 문제라고 보면 그렇다.

알코올 의존 때문에 일어나는 문제를 당사자 혼자 감당하는 사례는 거의 없다. 책임은 대개 가족에게 떠넘겨진다. 알코올 의존을 겪는 부모나 형제, 자식이 있는 가족은 술을 마시지 못하게 하려고 별의별 방법을 다 시도한다. 집에 있는 술을 숨기거나 버리기도 하고, 술 마시러 나가지 못하게 외출을 제한하기도 한다. 술을 끊을 수 있는 동기를 부여하려고 애원도 하고 정신 병동에 입원도 시킨다. 그래도 끊을 수 없는 술은 몸속에서 재난을 일으키고, 예상하지 못한 사고로 이어진다. 가족은 손쓸 수 없는 지경에 이르러서야 포기하게 된다.

형수의 동생은 열일곱 살 때부터 술을 입에 댔다. 중독으로 빠르게 나아갔다. 10대 시절 내내 몸속으로 술을 들이부었다. 많은 이들이 알코올 의존에 빠진 10대를 낯설게 느낄 테지만, 10대 알코올 의존 비율은 다른 연령층에 견줘 빠르게 늘어나고 있다. 2019년에 건강보험심사평가원이 낸 '알코올중독 현황' 자료에 따르면, 10대 알코올 의존 환자는 2014년 1588명에서 2018년 2106명으로 33퍼센트 늘었다. 20대도 2014년 4643명에서 2018년 6126명으로 32퍼센트 늘었다. 알코올 의존 환자 수가 가장 많은 40대와 50대가 2014년 대비 2018년에 각각 15퍼센트와 13퍼센트 줄어든 데 대조된다.

청소년의 알코올 의존이 늘어난 원인으로 스트레스, 관대한 음주 문화, 술을 사는 청소년을 처벌하지 않는 제도 등이 꼽힌다. 음주 관련 교육, 예방, 처벌 강화가 해결책으로 제시된다. 이런 해결책은 여전히 술을 개인의 의지 문제로 둔다는 점에서 문제적이다. 한걸음 더 들어가자. 술을 마시게 되는 맥락도 다양하고 의존하게 되는 욕구도 모두 다르다. 술을 마시게 되는 맥락이나 의존하게 되는 욕구가 형성되는 과정을 함께 추적하면 어떨까. 술 뒤에 가려진 삶을 통해 '다른' 해결책을 모색할 수 있지 않을까?

형수는 인터뷰를 가명으로 해야 할 뿐 아니라 내용에 지명도 등장해서는 안 된다고 당부했다. 동생이 인터뷰를 보고 자기에게 해코지할지도 모른다고 걱정했다. 처음 동생이 죽이겠다고 협박할 때는 무시하거나 맞받아쳤지만, 폭력 상황이 계속되니 이제는 흘려듣기 어렵게 됐다. 형수의 이야기는 현재 진행형이다. 형수도 동생도 '아직' 어린 나이에 벌어진 일이라서 고통은 얼마든지 길어질 수 있다. 어쩌면 술 때문에 벌어지는 고통을 끝내는 길은 죽음밖에 없을지 모른다. 술을 마시던 사람이 죽거나, 그 사람을 돌보던 사람이 죽거나. 그래도 다른 끝은 있을 수 없는지 물으면서 해결의 실마리를 찾아보려 한다.

먹다 남은 술병에 빨려든 시간들

때때로 새벽이면 전화벨이 울렸다. 동생이 길바닥에 널브러져 있다고 경찰이 알려줬다. 한두 번 받는 전화가 아니었다. 무시하고 다시 자고 싶었지만, 그런 전화를 받으면 잠은 멀리 달아났다. 형수는 풀어진 정신을 주섬주섬 챙기며 집을 나섰다. 어느 날은 집 앞 편의점 테이블에 컵라면 하나에 빨간 소주 네 병을 쌓아둔 채 쓰러져 있었고, 또 어느 날은 대중교통으로 한 시간이나 걸리는 곳에서 발견됐다. 그렇게 찾아가면 동생은 부축하려는 형수의 손을 뿌리치기 일쑤였다.

"보호자 분 왔으니까 저희는 가보도록 하겠습니다."

동생하고 실랑이를 벌이면 옆에서 지켜보던 경찰이 늘 하는 말이다. 형수는 경찰이 아무것도 해줄 수 없다는 현실을 잘 알았다. 그렇지만 자기가 동생 곁에서 할 수 있는 일도 별로 없었다. 새벽녘 해가 떠오를 때마다 동생을 제어할 수 없다는 좌절감이 형수를 저물게 했다.

동생은 늘 혼자서 술을 마셨다. 어린 시절에는 사교적이고 친구도 많았다. 주변 어른들에게서 똑똑하다는 소리를 듣는 아이였다. 형수는 어른들이 동생과 자기에게 보내는 애정의 편차를 선명하게 기억했다. 그런 동생은 고등학교에 올라가면서 '비행 청소년'이 됐다. 술과 담배를 입에 대기 시작했다. 후배들 돈을 빼앗아 학교에서 연락이 왔다. 패싸움에 가담해 경찰서에 불려가는 날도 있었다. 그럴 때마다 집에서 멀리 떨어진 공장에서 일하며 기숙사에서 지내는 엄마가 달려왔다. 훈방 조치로 풀려나면 다행이지만 합의금을 물어준 적도 여러 번이었다.

형수와 동생은 초등학생 때부터 쭉 외갓집에 살았다. 부모님이 이혼한 탓이었다. 그 뒤 아빠 얼굴은 한 번인가 봤다. 아빠가 떠난 자리에는 빚이 쌓여 있었다. 빚은 엄마가 갚아야 할 몫이었다. 엄마는 집에서 멀리 떨어진 공장들을 전전해야 했다.

형수와 동생은 할머니와 두 외삼촌하고 지냈다. 형제는 그때부터 술 냄새를 맡으며 자랐다. 큰 외삼촌은 알코올 의존이 심했다. 스스로 가누지 못하는 모습을 매일같이 봤다. 큰 외삼촌과 작은 외삼촌 모두 40대 중반을 넘긴 나이에 독신이었다. 집안의 생계는 작은 외삼촌이 혼자 책임졌다. 잠을 줄여가며 투잡을 뛰었다. 두 외삼촌들에게 사고만 치고 다니는 동생이 곱게 보일 리 없었다. 할머니는 늘 마음을 쓰지만 폭력적으로 행동하는 동생을 어찌할 수 없었다. 만취해서 여기저기 드러누워 있는 아이를 쫓아다닐 수 없었다. 동생이 벌인 일을 수습할 사람은 형수뿐이었다. 열아홉 살 때부터 밑 빠진 독에 물 붓기처럼 동생을 쫓아다녔다. 피할 수 없었다. 엄마와 할머니는 늘 형수에게 동생 걱정을 털어놨다.

스무 살이 된 형수는 대학에 들어가 학생회 활동에 열중했다. 집에 일찍 들어가 동생에게 시간을 쏟고 싶지는 않았다. 저녁 6시가 넘으면 여지없이 전화가 왔다.

"형수야, 미안한데 집에 일찍 들어가서 동생 좀 봐줘."

부탁하는 엄마도 형수가 동생을 돌보고 싶어하지 않는다는 정도는 알고 있었다. 그런데도 엄마인 자기를 대신해 형인 형수가 돌봐주기를 바랐다.

어느새 형수는 친구들 사이에서 저녁마다 같이 놀지 못하는 애가 됐다. 놀러가는 친구들을 뒤로하고 집에 가는 순간은 늘 아쉬웠다. 처음에는 같이 놀지 못해 아쉬워하던 친구들도 시간이 지나니 그러려니 했다. 집에서는 술 마시지 못하게 동생을 지켰다. 동생이 먹다 남은 술병에 형수의 시간이 빨려 들어가고 있었다. 언제까지 이래야 할까. 그때쯤 알코올 의존에 본격적으로 대응하자는 결심이 섰다.

"동생을 이해해보려고 1년을 공들인 시간이 나름대로 가족들하고 문제를 잘 해결해보려고 노력한 시간이었어요. 제가 스무 살 때니까 동생이 열아홉 살, 엄마랑 할머니랑 계속 상의했죠. 동생한테도 술 먹고 오면 '뭐가 그렇게 힘드니? 네가 하고 싶은 게 뭐니?' 계속 물어봤어요. 근데 얘기를 해도 반응이 없어요. 조금 시간이 지나서 알게 된 게 비행 청소년 시절에 그 무리에서 따돌림을 당했던 거예요. 그리고 어릴 적부터 삼촌이 술 먹는 모습을 계속 봐서 영향이 있었을 거예요. 만약 이혼했을 때 아버지를 따라갔다면 어땠을까 생각해보기도 해요. 저는 제가 무엇을 할 수 있을까 고민했죠. 막 1년 정도 어떻게 해보려고 병원도 연결시켜주고, 청소년 기관에 얘기도 해보고, 사회복지관에 의뢰해서 사회복지사를 연결시켜줬는데, 동생이 의지가 없는 거예요. 자기의 알코올 중독을 해결하려는 의지가 없는 거예요. 상황을 해결하려는 아무런 의지가 없는 거예요. 본인이 인정할 때 있고 안 할 때 있어요. 가운데서 저 혼자 지치게 되는 거죠."

8년의 돌봄을 돌아보고 내려놓은 마음

동생은 술하고 함께 스무 살이 됐다. 이제 성인이니까 동생이 술을 사지 못하게 막을 방법도 사라졌다. 그래도 성인이니까 일을 시작하면 제대로 살아보려 하지 않을까 생각했다. 동생은 어느 날부터 편의점에서 아르바이트를 시작했다. 노동을 하는 날보다 술 마시고 카운터에 뻗어 있는 날이 더 많았다. 동생이 만취해서 정신을 잃은 틈에 동생을 괴롭히던 비행 청소년 친구들이 편의점 물건을 싹 다 훔쳐 갔다. 편의점 사장은 훔친 이들을 포함해서 동생까지 한데 묶어 특수 절도죄로 고소했다. 형수는 차라리 잘된 일이라고 생각했다. 감옥에 가면 정신을 차리지 않을까 싶었다. 그렇지만 엄마는 빚을 내 합의금을 마련했다. 1000만 원 가까운 돈이었다.

동생과 큰 외삼촌은 날이 갈수록 심하게 싸웠다. 집 밖에서 만취한 동생과 집 안에서 만취한 외삼촌이 마주치는 날에는 폭발할 듯한 싸움이 났다. 큰 외삼촌은 술에 취한 동생을 욕하면서 때렸고, 동생은 부엌에서 칼을 가져와 위협했다. 할머니와 형수는 외삼촌과 동생을 뜯어말리려고 안간힘을 다했다. 외삼촌에게 맞은 동생이 경찰을 데리고 집에 쳐들어온 적도 있었다.

싸움이 반복되자 동생은 집에 들어오지 못했다. 집 앞에 앉아서 술을 마시며 밤을 지새웠다. 차라리 이참에 고시원 방이라도 얻어서 혼자 살아보면 어떨까, 독립이 정신 차릴 계기가 될지도 모른다고 생각했다. 형수는 어머니하고 상의해서 동생이 살 고시원을 구해줬다. 그렇게 집을 나간 동생이 어떻게 살았는지 알지 못한다. 병원 응급실에 동생이 누워 있다는 얘기를 듣고서야 또 술만 먹었겠구나 싶었다. 급성 췌장염이었다. 한동안 술을 마시지 않으면 장기가 아프다던 말이 그제야 이해됐다.

"의사가 막 다그쳤어요. 췌장염은 가족들이 잘 안 돌봐주면 죽는 거라고. 가족들은 그게 뭔지도 모르고, 알코올 중독으로 다 지쳐 있고 그러는데. 저희는 어떻게 할 수가 없잖아요. 다 일을 하고 있고, 할머니는 연세도 있고, 엄마는 먼 곳에서 일하고, 저는 대학교 다니고. 췌장염으로 병원 가면 대부분 건강보험이 안 되더라고요. 처음에는 급성이었는데 계속 술을 먹으니까 만성 췌장염으로 바뀌는 거예요. 다른 병원에서 알코올 중독 진료를 받았는데, 의사 말로는 동생은 이미 뇌가 술에 다 절여져서 억제 기능을 못한다는 거예요. 그래서 의지가 없는 거라고 그러더라고요.

동생이 스물한 살, 스물두 살 이때 췌장염으로 저혈압이 와서 몇 번 죽을 위기가 있었어요. 그때 차라리 치료하지 않았다면 어땠을까 싶어요."

가족들은 동생에게 술을 끊으려는 의지가 생길지도 모른다는 기대를 접을 수 없다. 기대는 도박이나 같다. 내가 이만큼 기대를 걸면 얼마만큼 보상이 따르리라는 믿음이 생겨나기 때문이다. 기대와 보상 사이에 구체적 인과 관계는 없다. 내가 노력하는 모습을 보이면 알코올 의존을 겪는 사람이 도의적인 차원에서라도 성의를 다하겠지 생각할 뿐이다.

알코올 의존을 겪는 이에게 무작정 기대를 거는 순간부터 그 사람은 이미 자기 자신에게 상처를 입히게 되는 셈이었다. 형수가 열아홉 살 때부터 8년 동안 알코올 의존에 빠진 동생을 겪으며 온몸으로 얻는 교훈이었다. 형수는 삶을 포기한 듯한 동생과 동생을 포기하지 못하는 엄마와 할머니 사이에 놓인 거리를 혼자서 메워왔다. 동생에게 기대를 거는 만큼, 동생이 정신 차릴 계기를 마련하려는 만큼, 감당하기 힘든 파국이 뒤따랐다.

"제가 엄마를 보면 '왜 동생을 못 놓을까?' 싶으면서도 어쩔 수 없다는 생각이 들어요. 저는 부모 입장이 아니니까요. 제가 동생의 양육자였다면 또 달랐을까 싶어요. 저는 그냥 마음 내려놨어요."

형제라는 이유로 공멸하는 미래

동생은 만성 췌장염과 당뇨가 악화돼 병원에 들어가 있다. 건강이 나빠진 참에 그동안 고민하던 정신 병원에 갔다. 알코올 의존이 치료된다는 희망을 걸기보다는 밀려드는 절망을 잠깐 늦추려는 방편이었다. 동생이 퇴원할 생각을 하면 다시 경찰서나 병원에서 보호자 찾는 전화를 받고 달려가야 하는 상황이 닥칠 듯해 늘 불안하다. 병원에 한 번 갈 때마다 형수가 대학교에서 근로 장학생으로 일해 받는 급여를 훨씬 웃도는 돈이 나간다. 돈이 제일 무섭다. 병원 밖에서 코로나19가 창궐한다는 소식에 동생이 퇴원을 하지 않으려는 상황이 다행일 뿐이다.

형수는 졸업을 앞둔 대학교 4학년이다. 전공인 사회복지학과 청소년 기관에서 활동한 경험을 살려 청소년 복지 쪽으로 갈 예정이었다. 공익 근무도 일부러 지역아동센터를 택했다. 그 길을 막아서는 걸림돌은 동생하고 함께한 8년의 시간뿐이다. 혹시 동생 같은 청소년을 만날까 두렵다. 여전히 동생이라는 존재를 감당할 수 없고, 마주하는 시간도 힘이 부친다.

"이게 좌절감도 있다가 동생에 대한 분노도 너무 커요. 애도 못 바꾸고 내 마음도 어떻게 통제하지 못하는 상황인데, 과연 내가 청소년 복지 분야에서 일할 수 있을까? 이런 의문들이 계속 꼬리에 꼬리를 물고 이어져요. '내가 일하는 데 동생이랑 비슷한 비행 청소년을 만나면 내가 어떻게 해야 하지?' 하는 생각이 들어요. 저는 겁나요. 비행 청소년 위주로 하는 센터는 꺼려지는 것 같아요. 두렵다고 보는 게 맞아요. 앞으로 어떤 일을 해야 할지, 동생이랑 비슷한 청소년을 만나면 뭘 선택해야 할지 계속 의문이에요."

형수가 품은 '의문'에는 그동안 겪은 일들을 소화할 수 있는 충분한 시간이 필요하다. 그렇지만 소화하는 데 필요한 시간을 앞질러 늘 사건과 사고가 벌어졌다. 동생이 알코올 의존을 벗어나거나 죽지 않는 한 이런 상황은 계속될지 모른다. 무엇보다도 혈연 가족 중에 가장 오랜 기간 알고 지내는 관계가 바로 '형제'다. 몇 년 전 일본에서 쓰기 시작한 용어들이 이런 형제 관계에 내재된 위험을 가시화한다. 바로 '형제 리스크'와 '형제 격차'다.

일본은 거품 경제가 시작되고 노동 시장이 불안정해지면서 경제적으로 자립하지 못한 채 나이가 든 중장년층이 늘어났다. 비혼이나 이혼 등으로 가족을 구성하지 않는 사례도 많아졌다. 사회적 관계를 맺지 않는 은둔형 외톨이 문제도 빼놓을 수 없다. 고령이 된 부모가 중장년에 접어든 자녀를 부양할 수 없는 만큼 형제가 형제를 돌봐야 하는 상황으로 이어진다. 이 문제를 다룬 책 《나는 형제를 모른 척할 수 있을까》는 '형제 리스크'를 네 가지로 구분한다.

첫째, 자기도 여유가 없는데 다른 형제의 가난을 그대로 떠안아 '공멸'하는 리스크, 둘째, 자기도 여유가 없어서 어쩔 수 없이 가난한 형제의 생활 보호를 신청(부양을 거부)하면서 미안한 마음을 느끼거나 형제간에 거리가 생기는 리스크, 셋째, 독신이면서 재산이 없는 형제가 부양 또는 입원할 필요성이 발생한 때 자기는 다른 가족을 간병 중이거나 경제적으로 여유가 없거나 멀리 떨어져 살고 있어서 맡을 수 없게 되는 리스크, 또는 자기가 떠안아서 무너지는 리스크, 넷째, 부모 간병이나 상속 문제로 형제끼리 다툰 끝에 관계가 나빠지거나 인연을 끊는 리스크.[*]

이런 형제 리스크는 '형제 격차'를 기반으로 생겨난다. 형제 격차란 흔히 격차를 논의하는 영역인 소득, 교육, 직업, 학력뿐 아니라 라이프 스타일이나 사회적 관계까지 포괄한다. 좀더 조건이 나은 형제가 그렇지 못한 형제를 부양하게 되는 상황은 격차가 벌어져 있기 때문에 나타난다. 스스로 생존해야 하는 '각자도생'과 가족 '부양 책임'이 상존할 때 벌어질 수 있는 문제다.

한국도 크게 다르지 않다. 한국 사회도 스스로 생존해야 하는 사회이면서 가족 부양 책임이 강하게 작동하기 때

[*] 히라야마 료·후루카와 마사코, 《나는 형제를 모른 척할 수 있을까》, 오선이 옮김, 어른의 시간, 2016, 10쪽.

문이다. 가난하고 취약한 환경에서 '형제 리스크'를 감당하는 모습은 동생을 돌보는 형수뿐 아니라 혼자서 형과 어머니, 조카들을 부양하는 형수의 작은 외삼촌을 떠오르게 한다. 흔히 부모 부양과 자녀 부양을 동시에 하는 상태를 '이중 부담'이라 한다. 앞으로 여기에 형제 부양까지 더해지는 '삼중 부담'이 발생할 수 있다. 《나는 형제를 모른 척할 수 있을까》를 쓴 저자 중 한 명인 히라야마 료는 형제 부양 문제가 이야기되지 않는 이유를 이렇게 설명한다.

"애초에 '형제 격차'라는 문제가 지금까지 논의되지 않았던 것 자체가 우리가 가족을 사회와 따로 떼어 다루고 있다는 증거이다. 격차 문제는 최근 10년간 일본에서 종종 문제시되고 있지만 그때의 격차는 대체로 남의 집 혹은 다른 사람과의 격차였다. 하지만 여기저기에서 벌어지고 있는 격차 문제가 왜 '내 가족'에게 발생한다고 생각하지 않을까? 답은 간단하다. '내 가족'과 사회는 다른 차원이라고 무의식적으로 생각하기 때문이다."*

아이는 태어나지 않고, 인구는 점점 나이가 들어간다. 노동 시장은 늘 새로운 불안정으로 채워진다. 그런데도 한국 사회가 부양에서 가족 책임을 강조한다면 형수가 겪는

---

* 히라야마 료·후루카와 마사코, 《나는 형제를 모른 척할 수 있을까》, 오선이 옮김, 어른의 시간, 2016, 74쪽.

고통은 예외적이 아니다. 앞으로 더 다양한 돌봄과 부양 상황이 벌어질 테고, 더 많은 사람이 리스크를 지게 된다. 점점 벌어지는 세대 간 격차와 세대 내 격차하고 함께 우리는 형제간 격차를 주목해야 한다. 형제라는 이유로 공멸하지 않을 방법을 찾아야 한다.

중독에 이르는 환경, 치료를 놓치는 시간

"이게 한 번 걸리면 절대 치료가 불가능한 병인 거 같아요. 어떻게 할 수 있는 게 없잖아요. 병원에 가두는 것 말고 알코올 중독자를 케어할 수 있게 돕는 제도가 구체적으로 없어요. 가족들이 보호할 수 있는 범위가 아니잖아요. 몸이 아픈 게 아니라 자기가 병에 대해서 이겨내고 참고 살아가겠다는 의지가 없는 거예요."

전문가들은 알코올 의존을 치료하려면 시기를 놓치지 말아야 한다고 말한다. '제때' 받는다면 치료 성공률이 높다. 대부분 알코올 의존이 심각해진 때 병원에 오기 때문에 문제가 커진다. 그렇지만 '제때'라는 시간은 누구에게 주어지는 걸까? '제때'라는 시간을 위해 무엇이 필요할까? 형수의 이야기 속에서 동생의 알코올 의존은 이혼, 부채, 빈곤, 폭력, 범죄 등하고 함께 등장한다. 무엇이 원인이고 무엇이 결과인지가 명확하지 않다. 이런 상황에서 '제때'라는 시간이 도래할 수 있을까? 술에 밀접히 관계된 요소들을 그대로 둔 채 의학적 처치만 한다고 치료가 될까?

술은 삶을 드러내는 여러 표현 중에 하나일지 모른다. 술 뒤에 감춰진 삶을 들여다봐야 한다. '이유'가 없는 중독과 의존은 없다. 중독과 의존의 맥락을 찾아가는 과정은 어렵고 지치고 복잡하다. 중독과 의존의 계기를 모두 파악하는 일은 불가능에 가까울지도 모른다. 그렇다고 손 놓고 있을 수도 없다. 많은 이들에게 반복되고 또 반복되는 고통이기 때문이다.

사회복지학 연구자 이숙현은 문제 음주가 일어나는 원인에 다가설 수 있는 구체적인 실마리를 제시한다.[*] '주거'와 '술'의 관계에 주목한 이숙현은 먼저 흔히 문제 음주의 원인으로 생각하는 요소를 살펴본다. 바로 소득이다. 우리는 저소득층일수록 문제 음주율이 더 높다고 여긴다. 실제로 문제 음주율과 음주에 따른 사망은 저소득층에 집중된다. 그렇지만 소득이나 계층에 관련된 지표인 교육 수준, 비경제 활동, 가계 총소득 등의 요소와 문제 음주는 큰 연관이 없다는 점이 드러난다. 고학력이나 고소득층에서도

---

[*] 이숙현, 〈패널 자료를 이용한 주거빈곤과 문제음주의 관계 분석〉, 《보건사회연구》 40(1), 한국보건사회연구원, 2020, 520~559쪽.

문제 음주는 계속 늘어나고 있기 때문이다. 대신 이숙현은 홈리스, 영구 임대 주택, 무허가 주택에 사는 주거 빈곤층의 약 40퍼센트가 문제 음주를 겪는 데 주목한다. 한국복지패널 4차 연도(2009)부터 13차 연도(2018)까지 10개 연도 데이터를 활용해 살펴보니, 20대 이상 성인 7만 7740명 중에서 27.3퍼센트를 차지한 주거 빈곤 집단은 비주거 빈곤 집단에 견줘 문제 음주율이 높았다.

주거 빈곤과 문제 음주의 관계는 영국에서 시행하는 '하우징 퍼스트Housing First' 정책 덕분에 설득력이 높아진다. 알코올 의존증 환자와 홈리스에게 조건 없이 영구 임대 주택을 지원하는 이 프로그램은 영국, 프랑스, 캐나다, 뉴질랜드 등 전세계 100여 도시에서 시행하고 있다. 문제 음주를 치료하는 조건을 충족해야만 주거를 지원하는 '트리트먼트 퍼스트Treatment First' 정책을 대신한 하우징 퍼스트 정책은 치료 여부에 상관없이 주거 안정을 먼저 보장한다. 치료는 당사자의 '선택'일 뿐이다. 더 나은 선택을 할 수 있게, '제때'라는 시간이 다가올 수 있게 안정된 환경부터 제공하는 셈이다. 2019년 자료에 따르면 하우징 퍼스트에 참여한 사람들은 알코올 섭취량이 많이 줄었다.

술을 마시게 되는 환경부터 바꿔야 했다. 주거 공간 같은 물리적 환경만 개선하면 된다는 의미는 아니다. 주거 보장부터 치료 선택까지 한 개인을 그 사회의 성원으로 인정하고 존중하는 변화가 진정한 환경 개선이다. 술만큼 인정과 존중이 없는 세계를 잘 지워버리는 도구도 없다. 하우징 퍼스트 정책은 인정과 존중의 세계를 우리 삶에 먼저 안겨준 셈이다.

마음의 힘을 기르고 삶을 채울 집

주거 빈곤과 문제 음주의 연관성, 그리고 하우징 퍼스트 정책이 거둔 성과를 거쳐 형수의 동생이 술을 마시게 되는 상황을 다시 살펴보자. 동생은 큰 외삼촌하고 갈등이 심해지면서 집에 들어가지 못했다. 집에 들어가지 못하니까 집 앞이나 편의점 테이블에서 시간을 보냈다. 또다시 술을 마셔야 되는 곳이었다. 집을 나가서 얻은 방 또한 고시원이었다. '최저 주거 기준'에 맞지 않는 공간일 가능성이 크다. 이런 공간과 공간 사이를 부유하는 사람의 삶에 어떤 인정과 존중이 스며들 수 있었을까?

주거는 재생산이 일어나는 대표적 공간이다. 주거는 물리적 조건인 동시에 사회적 관계를 만드는 공간이다. 안전하게 있을 수 있는 곳, 온전히 나만을 위한 곳, 마음을 둘 수 있는 곳은 자기를 마주하고 자기를 보살필 수 있는 조건이다. 그런 조건이 주어질 때 마음의 힘도 기를 수 있다.

알코올 의존을 벗어나는 첫 계기로 주거권 보장을 생각해 본다. 다시 잘살아보자고 의지를 다진 때, 우리는 어떤 공간과 관계 속에 있었을까?

6장

반려 할머니와
케어 무비

침대 위에 외할머니를 눕혔다. 침대 옆에 콧줄과 소변줄을 걸었다. 성인용 기저귀도 단단히 채웠다. 어느새 경훈의 방은 병실이 됐다. 경훈은 할머니를 살폈다. 의식이 없었다. 할머니가 못 깨어난다고 말한 의사가 맞는 걸까.

내 방에 누인 할머니

여느 날처럼 할머니 집에 놀러갔다. 할머니는 경훈네 집에서 그리 멀지 않은 곳에 살았다. 한번 가면 할머니하고 노닥거리며 서너 밤씩 자고 왔다. 그날 경훈이 놀러가지 않았으면, 할머니는 사고를 안 당했을까.

할머니는 아침 일찍 문밖을 나섰다. 간밤에 손자하고 먹고 남은 라면 찌꺼기를 버리러 가는 길이었다. 머리를 계단에 부딪혔다. 옆집 사람이 발견해서 곧바로 119를 불렀다. 잠을 자던 경훈이 뛰쳐나간 때 할머니는 이미 앰뷸런스에 실려 있었다. 라면을 끓여 먹자고 한 사람은 경훈이었다. 계단에 흩뿌려진 라면 찌꺼기를 떠올리며 경훈은 후회했다. '내가 미리 버려야 했는데…….'

할머니는 대학 병원 중환자실에 입원했다. 의사는 곧 회복할 수 있다고 말했다. 처치를 하다가 문제가 생겼다. 기도에 관을 넣는데 할머니가 발버둥을 치면서 뇌에서 출혈이 더 심해졌다. 뇌 전산 단순 촬영^{CT} 결과를 마주한 의사는 말을 바꿨다. 가망이 없다고 했다. 가족들은 할머니를 요양 병원으로 옮기자고 했다. 선택지가 없어 보였다.

"제가 케어를 하겠다고 가족들 사는 집으로 모셨거든요. 제가 욕심을 부렸죠."

말 그대로 '욕심'이었다. 할머니에게 뭔가 더 해주고 싶다는 욕심이었고, 할머니하고 함께한 평온한 일상을 되찾고 싶은 욕심이었다. 한창 창업을 준비하는 때였다. 일 욕심보다는 할머니를 돌보고 싶은 욕심이 더 컸다. 1년, 경훈이 간병에 전념하겠다고 결심한 시간이었다. 그렇게 경훈은 자기 방에 할머니가 누울 자리를 마련했다.

"엄청 힘들었죠. 처음에 적응 안 될 때는 24시간 붙어 있었어요. 기저귀 채우는 노하우도 없을 때는 똥오줌 다 새고, 이불 빨고, 또 매트릭스도 닦고, 또 똥 누면 통째로 들어서 옮기고. 아버지랑 둘이 할머니 팔다리 잡고 들어서 화장실 가서 씻기고. 처음 두세 달 정도는 개인 시간이 없었어요."

마무리하지 못한 공포 영화

경훈이 공포 영화를 한 편 만들고 싶다는 마음을 갖지 않앉으면, 우리는 만날 수 없었다.

경훈의 하루는 대부분 집에서 흐른다. 치매가 있고 거동이 불편한 할머니를 돌본다. 전업으로 주식 투자를 하고, 취미는 게임이다. 집에만 있어도 바쁘다. 돌봄을 하느라 집 밖에 나가 활동할 에너지를 다 잃은 걸까? 돌봄으로 보낸 시간을 보상받지 못하니 사회에 참여하고 싶은 의욕을 잃은 걸까? 할머니를 돌보며 집에 있는 30대 남성의 일상에는 이런 질문들이 뒤따르기도 한다. 정작 경훈은 자기에게 잘 맞는 생활 방식을 찾은 느낌이 든다.

늘 쓸모를 중시했다. 사수 끝에 경영학과에 들어가지만 학위가 쓸모없게 느껴져 자퇴했다. 돈을 벌고 싶어 곧장 조리사로 취직했다. 어느 회사 식당에서 몇 년을 일했다. 노동 강도는 높았다. 주중에 쌓인 피로는 주말 내내 누워 지내야 겨우 회복됐다. 그렇다고 월급이 넉넉하지도 않았다. 남 좋은 일만 열심히 하는 듯해 쓸모를 느끼지 못했다. 내가 직접 벌어야겠다는 생각으로 일을 관뒀다. 그때부터 몇 년 동안 아버지 일을 도우며 창업을 준비했다.

경훈은 30대 초반이었다. 1년을 기약한 돌봄이 벌써 두 해를 넘겼다. 경훈도 30대 중반에 가까워졌다. 늘 쓸모를 중시하던 경훈이지만 지금 가장 쓸모 있는 일을 하고 있는지도 모른다. 할머니를 돌보는 일이 지닌 쓸모는 돈을 판단하는 쓸모를 한참 넘어서기 때문이다. 함께 살아가는 삶을 위한 쓸모가 경훈이 돌봄을 이어갈 수 있는 힘이다.

그런 경훈이 내가 진행하는 영화 만들기 모임에 왔다. 공포 영화를 만들고 싶다고 했다. 영화 만들기 모임은 영화 제작을 매개로 교류하고 협력하는 과정에 집중한다. 미취업 기간이 길어지는 청년들이 고립되지 않게 관계망을 형성하도록 지원하는 모임인데, 서울시 청년활동지원센터가 무료로 진행한 사업이었다.

모임은 수평적 관계와 소통을 지향했다. 나이, 학력, 지역 등 차별이 될 수 있는 내용은 묻지 않기로 약속했다. 존중은 선택이 아니라 필수였다. 그래야 내가 어떤 상황인지 말해야 하는 부담 때문에 타인을 만나지 않는 상황을 막을 수 있었다. 상대방의 존재를 인정하면서 함께하려 노력하는 사람들이 모이는 진입 장벽 낮은 모임이 아니었으면 경훈을 만날 수 있었을까.

모임을 진행하면서 나는 아픈 아버지를 돌보고 있고, 그 과정을 글로 쓴다고 말했다. 어떤 사람은 아픈 아버지를 돌본다는 이야기를 부담스러워할지도 몰랐다. 그렇지만 말하지 않으면 돌봄을 하는 이들을 연결할 기회를 놓칠 수도 있었다. 연결할 기회를 놓쳐 연결되지 못한다면 얼마나 아까운가.

그때 경훈이 자기도 할머니를 돌본다고 말했다. 할머니를 돌본다는 사실을 다른 사람에게 처음으로 말한 순간이었다. 상대가 또래 청년이라는 사실이 놀라움을 더했다. 또래들은 돌봄에 관한 공감대가 전혀 없다고 여긴 때문이었다. 공포 영화를 만들고 싶다는 의욕, 진입 장벽이 낮은 모임, 돌봄에 관해 말할 수 있는 언어는 경훈과 내가 서로 존재를 확인할 수 있는 조건이었다. 공포 영화는 결국 완성하지 못했지만, 영화를 준비하는 과정에서 드러난 꼼꼼함과 충실함을 보면서 나는 경훈이 할머니를 어떻게 돌보는지 궁금해졌다.

돌봄에 적응하는 시간

요즘 할머니는 어느 젊은 날에 머물러 있는 듯하다.

"물건 꺼내 와서 먹자."

"가게 셔터 내려야지."

이런 말을 들을 때마다 경훈은 고향에서 슈퍼마켓을 운영하는 할머니를 떠올린다. 그렇게 지금 할머니가 머물고 있는 시간이 삶의 어디쯤인지 이해해본다. 할머니가 서울에 와서 산 세월이 40년 정도 되니까 그사이의 기억은 사라진 셈이다.

할머니가 이 정도로 회복될 때까지 한 번도 한 적 없는 일들을 해내야 했다. 병원에서 가망이 없다는 선고를 받은 뒤였다. 지푸라기라도 잡는 심정으로 집에서 민간요법을 썼다. 몸 안의 피를 뽑고 부황을 떴다. 경훈네 가족들이 자주 하는 요법이었다. 시술이야 능숙하게 했지만, 결과는 장담하지 못했다.

경훈은 할머니의 몸 상태를 관찰하고 또 관찰했다. 혈액 순환이 잘 되라고 저주파 마사지를 꾸준히 해줬다. 몸에 좋다는 뿌리채소를 달인 즙과 현미 끓인 물을 번갈아 먹였다. 물을 조금 먹이면 변이 나오지 않았고, 조금 많으면 곧 설사가 됐다. 그럴수록 경훈은 기능이 떨어진 장기들에 민감해졌다. 먹고 싸고 씻고 자세를 바꾸는 일은 밤낮이 없었다. 제대로 잠을 못 잔 채 며칠씩 보냈다.

그러는 사이 어머니는 밥을 차려줬고, 아버지는 돌봄에 필요한 물품들을 사줬다. 남동생은 평소처럼 직장에 다녔다. 할머니를 더 돌보고 싶은 마음은 경훈의 욕심이었지만, 가족들은 경훈이 온전히 할머니에게 집중할 수 있게 도왔다. 한여름이었다. 할머니의 몸에는 땀띠가 번졌다. 땀띠에 약을 바르려고 옷을 벗기자 할머니가 몸을 가렸다. 며칠 만에 만난 할머니의 '자의식'이었다. 회복하고 있다는 기미 같았다. 어느 날은 잠깐 의식이 드는지 경훈의 얼굴을 손으로 감싸며 고맙다고 말하기도 했다. 예전 할머니의 모습이 곧 눈앞에 나타날 듯한 희망이 보였다.

그래도 계속 밤낮없이 돌볼 수는 없지 싶었다. 1년 동안 전력을 다하려 했지만, 잠을 한숨도 자지 못하는 나날은 고역이었다. 가족들은 각자 생활을 유지하면서 충분히 경훈을 도와주고 있기 때문에 더 많은 요구를 할 수 없었다. 직접 돌보는 일은 오로지 경훈의 몫이었다. 지원받을 수 있는 제도를 찾다가 노인 장기 요양보험을 알게 됐다. 할머니가 요양 등급을 받으면 집에 요양보호사가 찾아오는 서비스를 이용할 수 있었다. 이 정도라도 되면 숨통이 트일 듯했다.

곧바로 문의를 넣었지만 요양 등급을 신청하려면 병원에서 퇴원한 뒤 6개월이 지나야 했다. 증상이 만성적인지 일시적인지 확인하려는 듯했다. 진단서도 필요했다. 할머니를 들고 업고 운전하고 날라야 하니까 진단서 한 장을 떼려면 마음을 단단히 먹어야 했다. 신청할 수 있을 때까지 6개월만 버티려 했는데, 시간이 지나면서 할머니가 점점 회복되는 바람에 손이 조금씩 덜어졌다. 어느새 경훈도 돌봄에 적응했다.

돌봄을 선택하는 남성

경훈의 이야기에 이런 의문을 품을 사람이 있을지도 모른다. 외할머니인데 왜 딸인 어머니가 돌보지 않을까? 돌봄을 해야 한다는 책임이 손자인 경훈보다 딸인 어머니에게 더 강하게 작동한다고 여기기 때문이다. 이런 의문은 문제적이다. 딸인 어머니가 돌봄을 하는 쪽이 '자식 된 도리'라고 여길 수도 있고, 현실적으로 봐도 여성이 여성을 더 잘 돌본다는 생각이 깔려 있을지도 모른다.

우리는 이제까지 '이상적인 돌봄자'로 '딸'이자 '여성'이 상정된 자체를 고민해야 한다. 다시 질문을 던져보자. 외할머니인데 왜 딸인 어머니가 돌보지 않을까? 어머니는 대학병원에 있을 때부터 할머니를 돌보지 않겠다고 '선언'했다. 경훈은 할머니를 돌보고 싶다고 '욕심'을 부렸다. 어머니도, 경훈도 돌봄을 '선택'했다. 흔히 떠올릴 수 없는 상황이다. 어머니와 경훈의 선택은 어떤 경로를 거쳐 일어났을까?

경훈은 할머니와 어머니 사이의 오랜 갈등을 지켜봤다. 할머니는 인지 능력이 떨어진 요즘도 어머니를 보면 혼자서 아무것도 못하는 애라며 구박한다. 어머니는 그런 구박이 익숙하다. 어머니가 어릴 때 할머니는 이혼했다. 혼자 생계를 꾸렸다. 할머니는 어린 딸을 제대로 챙기지 못했다. 어머니는 할머니 때문에 겪은 서운함을 경훈에게 털어놓기도 했다.

성인이 된 어머니는 할머니의 세계를 탈출하고 싶었고, 결혼하면서 생활의 안정을 찾았다. 어느 정도 되는 거리가 어머니와 할머니의 관계에도 좋은 영향을 주는 듯했다. 그런데 할머니가 다치면서 어머니는 독자적으로 꾸린 자기만의 세계를 침범당했다. 침범을 종용한 사람은 경훈이었다. 이런 상황을 모르지 않기 때문에 경훈은 묵묵히 이 시간을 보내고 있다.

그렇다고 경훈이 어머니와 할머니 사이의 갈등을 '감내'만 하고 있지는 않다. 할머니는 첫 손자인 경훈을 끔찍이 아꼈다. 어릴 때 부모님은 뭔가를 잘해야만 칭찬했고, 경훈은 늘 압박감에 시달렸다. 할머니는 달랐다. 경훈의 존재 자체를 칭찬했다. 먹고 자고 싸고 숨 쉬는 일만으로 지지를 받았다. 경훈도 할머니를 어머니의 부모보다는 자기하고 더 가까운 사람으로 느꼈다.

"할머니가 옛날에 이혼하고 혼자 일하면서 어머니를 키우시다 보니까 신경을 못 쓰셨나 봐요. 어쨌든 고향에서 힘든 생활을 하셨나 봐요. 그러다 보니 항상 앙금이 있었겠죠. 할머니가 어머니랑 갈등이 생길 때마다 따로 사셨다가 같이 사기길 반복했거든요. 어머니가 결혼하면서 생활이 안정되니까, 할머니는 뒤늦게 첫째인 저한테 애정을 쏟았던 거 같아요. 지난날 할머니와 오랜 시간 대면하면서 말동무를 하다 보니 딸인 어머니보다 할머니에 대해 더 많은 걸 알고 있어요."

이제 경훈에게 할머니를 돌보는 시간은 '일'이 됐다. 마치 '업무'를 처리하듯 뚝딱 해낸다. 이런 태도는 히라야마

료가 쓴 책《아들이 부모를 간병한다는 것》를 떠오르게 한다. 일본은 부모 돌봄이 며느리 중심에서 친자녀 중심으로 변화하면서 돌봄을 하는 남성이 늘고 있다. 그런 배경 아래 히라야마 료는 간병하는 아들 28명을 만나 남성이 돌봄을 할 때 느끼는 심리와 돌봄을 수행하는 방식 등을 살펴본다. 경훈이 돌봄을 할 때 드러내는 태도가 떠오르는 구절이 눈에 띄었다.

"흔히 남성의 간병 스타일로 '과제 해결 지향형'을 꼽는다. 즉 간병할 때는 감정 이입을 하지 않고 주어진 과제에 묵묵히 대처하듯이 간병을 담담하게 해나가는 경향이 있다. 그렇다고 차갑고 배려심이 없다는 의미는 결코 아니다. 여기서 주목할 점은 아들은 실제로 간병할 때 '간병이라는 사실'에만 집중하여 착실하게 마칠 수 있도록 전력을 다한다는 것이다. 마치 업무에 임하는 자세와 같다."[*]

업무 같은 간병 스타일은 남성이 여성을 잘 돌볼 수 있는 전제가 되기도 했다. 흔히 남성이 여성을 돌본다고 하면 목욕이나 대소변 처리가 곤란하지 않느냐고 묻는다. 근친상간에 관한 거부감일 수도 있고, 남성이 여성의 신체를 섬세하게 다루지 못한다는 염려일지도 모른다. 히라야마

---

[*] 히라야마 료, 《아들이 부모를 간병한다는 것》, 류순미·송경원 옮김, 어른의 시간, 2015, 106쪽.

료가 어머니에게 채운 기저귀를 갈 때 느끼는 거부감에 관해 묻자 남성 돌봄자들은 대수롭지 않다는 듯 대답했다.

"그런 걸 따질 여유가 있으면 좋겠다."[*]

히라야마 료는 '과제 해결 지향형' 간병 스타일이 남성과 여성 사이의 심리적 거부감을 방지하는 효과가 있다고 봤다. 불편하더라도 그저 과제일 뿐이라고 생각하면 그만이기 때문이다. 경훈도 같은 질문에 '닥치니까 그냥 했다'고 대답했다. 닥친 문제를 업무 보듯 해결하는 방식은 경훈이 돌봄을 지속할 수 있는 힘이 된다. 감정의 개입을 최소화하니, 돌봄을 하면서 겪는 일에 정서적으로 지치는 경우가 줄어든다. 전업 주식 투자 같은 돈 버는 일과 할머니 돌봄을 병행할 수 있는 정서적 안배도 손쉬울 듯하다. 이런 상황은 돌봄이라는 행위에 남성이라는 젠더가 어떻게 작동하는지 보여주기 때문에 우리는 다른 남성의 돌봄은 어떨지 상상하게 된다. 무엇보다 자기들만의 방식으로 돌봄을 잘 수행한다는 점에서 남성도 '이상적 돌봄자'가 될 수 있는 가능성을 암시한다. 이제까지 여성이 돌봄을 더 잘한다고 여긴 이유는 단지 남성이 돌봄을 하지 않은 탓인지도 모른다.

[*] 히라야마 료, 《아들이 부모를 간병한다는 것》, 류순미·송경원 옮김, 어른의 시간, 2015, 104쪽.

반려 할머니라는 다른 존재

경훈이 돌봄을 하면서 가장 해결하고 싶은 과제는 할머니의 회복이었다. 할머니가 사고가 나기 전 모습으로 돌아와서 모두 다 제자리를 찾기를 바랐다. 그런데 어느 정도 상태를 회복한 할머니는 경훈을 알아보지 못했다. 40년 전 슈퍼마켓을 하던 시절로 돌아갔다가, 간혹 경훈을 알아볼 때면 중학생으로 여겼다. 할머니와 경훈은 '다른' 오늘을 살고 있었다. 경훈은 할머니를 '같은' 오늘로 데려오기 싶어서 질문을 멈추지 않았다. 기억력을 테스트하는 질문들에 할머니는 자주 답을 하지 못했다. 결국 그런 질문들은 할머니에게 자기의 무능 말고는 아무것도 상기시키지 못했다. 할머니가 기분이 가라앉으면 경훈이 품고 있던 희망도 함께 가라앉았다.

"할머니가 다시 예전처럼 돌아올 것이라는 희망이 있었어요. 회복시키기 위해서 전력을 다했거든요, 그때는. 상태가 안정돼도 기억력에는 호전이 없더라고요. 여전히 저를 못 알아보고. 세 달 막 전력을 쏟다가 그다음 단계로 넘어가야 할 때가 되었던 거 같아요. 그러니까 할머니가 예전처럼 돌아갈 거라는 희망은 없어지고, 할머니 현재 상태를 그대로 받아들이게 되는 단계인 거죠."

어느 날 할머니가 갑자기 입을 꾹 다물었다. 왜 그러느냐고 물어도 대답을 하지 않았다. 경훈은 예전에 할머니가 들려준 말을 떠올렸다. 할머니는 불편한 질문을 받으면 못 들은 척해서 상황을 모면한다고 했다. 할머니하고 말동무로 지낸 시절에 들은 많은 이야기들이 지금 할머니를 이해하는 단초가 된다. 한동안 할머니는 죽어야 한다는 말을 입에 달고 살았다. 자기를 쓸모없는 존재로 느끼는 듯했다. 할머니는 존재가 던지는 불편한 질문에 입을 다물고 있는 걸까?

"할머니에게 그냥 밑도 끝도 없이 칭찬부터 해요."

할머니는 늘 '알뜰하고 정직한' 성품을 중시했다. 자기가 중시하던 성품을 한 평도 안 되는 침대 위에서 보여줄 수는 없다.

"할머니는 참 알뜰하고 정직하기도 하지, 그치?"

경훈이 이렇게 계속 칭찬을 하거나 기억하지 못하는 할머니에게 설거지나 청소를 해줘서 고맙다는 투로 말한다.

'밑도 끝도 없는 칭찬'이 먹히지 않으면 경훈은 작전을 바꾼다. '악당'이 되기로 한다. 할머니에게 개천에 내다 버린다며 위악을 부린다. 할머니 어린 시절의 두려움을 자극하려고 짜낸 말이다. 그러면 할머니의 내면은 바닥으로 가라앉다가 벌떡 일어선다. 개천에 내쳐지지 않으려고, '나쁜' 경훈을 혼내려고, 다시 힘을 낸다.

할머니는 경훈에게 경우가 없다거나 예의가 아니라면

서 혼을 내다가 혼내는 언어를 놓쳐버린다.

"실례라고 말하고 싶은 거죠?"

할머니가 말을 잇지 못하고 있으면 경훈은 혼낼 수 있는 언어를 다시 쥐어준다. 경훈은 실컷 혼나면서도 잠깐 놓친 언어를 다시 움켜쥘 수 있는 힘이 할머니에게는 있다고 느낀다. 언제나 그 힘을 지지하고 싶다.

경훈은 할머니가 예전처럼 돌아올지 모른다는 기대를 버린 뒤에 할머니의 존재를 다르게 느끼기 시작했다. 할머니가 꼭 '반려동물' 같았다. 누군가는 할머니를 반려'동물'로 비유하는 말이 불경하다고 느낄 수 있다. 아프고 인지 저하가 있다는 이유 때문에 인간으로 인정받지 못하는 서러운 상황 같기도 하다. 그렇지만 경훈은 이렇게 말한다.

"잘해주면 만족스러워하고 좋아해요. 싫으면 불평해요. 허기를 느끼고 갈증을 느끼며 성적인 호기심도 있어요. 좋아하는 감정을 드러낼 줄 알아요. 어떤 행동을 가하면 반응이 돌아와요. 배변 활동 욕구가 있어요. 치매 증세가 있어서 할머니는 감정을 절제하지 못하지만, 그 모습이 생명 본연의 모습으로 돌아간 느낌이 있어요. 거기서 반려동물 같다고 느낀 면이 있죠. 반려동물처럼 서로에 대한 인식이 정서적으로 이어졌을 때 평안함을 가져다주는 점이 같아요."

반려동물이라는 비유는 인지 능력에 따라 정상과 비정

상을 가르는 규범을 성찰하게 한다. 우리는 인간의 '정상'적 인지 능력이 있다고 여기고, 그런 인지 능력에 미치지 못하는 생명을 '비정상'으로 분류한다. 인지 저하 당사자는 '비정상'으로 여겨지는데, 정신 질환자나 정신 장애인이 그렇다. 동물도 마찬가지다. 동물도 인간의 '정상'적 인지하고는 다른 인지를 갖고 있기 때문이다. '다름'을 '비정상'으로 여기는 규범은 다른 존재들이 서로 이어질 수 있는 가능성을 차단한다.

여기에서 반려동물은 예외적인 존재다. 반려'동물'이 인간의 '정상'적인 인지하고는 다른 인지를 갖지만, 우리는 그 다름 속에서 이어지는 방식을 찾는다. '반려'동물이기 때문이다. 정상과 비정상의 규범을 벗어나 어떤 인지 상태이건 '반려'의 언어를 찾는다는 의미에서 경훈이 말하는 '반려동물'은 비유이자 직유인 셈이다. 할머니가 지닌 다름을 인정하고 다른 방식의 관계를 맺으면 그만이다. 경훈은 비로소 할머니의 존재 자체를 느낄 수 있게 됐다.

돌봄청이 필요하다

일어나자마자 방에서 거실로 나간다. 할머니 침대를 거실로 옮겼다. 누워 있는 할머니를 일으켜 앉힌다. 밥을 다 먹으면 트로트 카세트테이프나 텔레비전을 틀어준다. 대소변을 볼 수 있게 화장실까지 함께 간다. 그러기 전에 할머니가 기저귀에 볼일을 봐도 이제 능숙하게 치울 수 있다. 할머니도 경훈의 손이 익숙하다.

경훈은 다시 방에 들어와 주식 투자를 한다. 주식 장이 끝나면 늦은 점심을 먹으면서 할머니하고 노닥거린다. 저녁쯤 다시 방으로 들어가 주식 공부를 하고 있으면 퇴근한 아빠, 엄마, 동생이 거실을 오가면서 할머니가 하는 말에 대꾸해준다. 그 정도만 해도 일손을 더는 기분이고 할머니도 고립되지 않아서 좋다. 저녁을 먹고, 할머니를 씻기고, 다시 침대에 눕힌다. 거실이 조용해지면, 방에 들어간다.

경훈은 여행을 가지 못한다. 경훈이 집에 없으면 할머니의 기저귀를 갈 사람이 없다. 외박을 하지 못하는 상황이 큰 제약이다. 구체적인 미래 계획을 세우기가 쉽지 않다. 여러 생애 계획을 무심히 떠나보낸 뒤이지만 연애까지 무산시키고 싶지는 않다. 얼마 전 그림 그리기 모임에서 알게 된 사람에게 호감이 생겼다. 어서 돈을 모아 데이트를 신청하고 싶다.

"2~3년 주식 잘되고 연애도 하면 그때는 제가 돌봄을 할 수 없으니까, 좋은 요양원 적극적으로 알아봐야죠."

경훈은 할머니를 돌본 과정을 담담하게 돌아보면서도 정말 힘들었다는 말로 끝맺는다. 돌이켜보면 돌봄을 선택하게 된 배경에는 병원이 할머니의 상태를 섣부르게 판단한다는 불만이 자리잡고 있었다. 의학이 손을 뗀 자리에서 경훈은 돌봄을 결심했다. 병원이 긴 호흡으로 치료와 돌봄을 병행하는 시스템이라면 구태여 나설 필요는 없었다는 말도 했다. 다른 사람들이 자기가 겪은 우여곡절을 또 겪지 않을 수 있는 대책을 골몰했다. 병역을 관장하는 병무청처럼 돌봄을 관장하는 곳이 있으면 어떨까?

"군대가 입영 대상자를 적극 발굴하지 않잖아요. 병무청이 하죠. 그런 것처럼 병무청이 입영 대상자를 발굴하듯이 병원도 장기적인 돌봄이 필요한 환자를 발굴하고 대응하는 인력과 시스템을 따로 갖추면 좋겠어요. 환자에게 어떤 돌봄이 필요한지 관리 방식을 기획하고 집이나 요양원 등으로 연계하는 시스템이 필요해요. 그렇게 하면 치료와 돌봄이 같이 갈 수 있을 거 같아요. 잘 연계하면 국가가 인센티브를 주는 것도 생각해봤어요. 노인의 신체 상태를 잘 파악해서 거동이 불편하면 퇴원하기 전 선제적으로 집 안에 생활 보조 시설을 설치하거나, 보호자한테 기저귀 활용법이나 침구 관리 노하우를 알려주면 좋겠어요."

병무청이라는 비유는 돌봄에서 국가의 책임을 강화하자는 제안을 담고 있다. 청년 남성들은 병역 의무를 수행할 때 국가가 존재한다는 사실을 여실히 느끼기 때문이다. 경훈은 자기가 병역 의무를 수행하면서 느낀 국가의 존재를 돌봄의 책임까지 확장한다. 전국의 입영 대상자를 꼼꼼하게 찾아내고 골라낼 수 있는 국가라면 전국의 돌봄 대상자를 꼼꼼하게 찾아내고 골라내지 못할 이유가 없다. 돌봄청이 필요하다.

일하지 않고 돌봄 하다가 나이드는 청년

일자리 문제로 여겨지던 '청년 문제'에 경훈은 어떤 관계를 맺고 있을까. 경훈의 모습은 보통 '청년'으로 상상되는 모습하고는 많이 다르다. 청년 문제와 경훈의 관계를 파악하기 위해 '니트Not in Education, Employment or Training·NEET' 개념을 활용할 만하다. 미취업 상태이지만 취업을 위한 활동을 하지 않는 상태를 가리키는 말이다. 청년 니트는 취업, 창업, 사회 참여 등 생애 이행을 위해 노력해도 안정된 삶을 살아갈 수 없는 저성장 사회의 특징이다. 열심히 해도 되는 일이 없다면 아무것도 하지 않는 쪽이 더 나을 수 있다. 일본에서는 경제 활동을 하지 않고 부모를 돌보면서 부모의 연금으로 생활하는 사례도 많다. 생애 이행의 어려움을 회피하는 생애 전략으로 돌봄을 택한 사례라는 분석이 뒤따른다.

경훈의 사례에도 어느 정도는 그런 분석이 가능하다. 조리사로 일한 첫 직장에서는 높은 노동 강도와 낮은 처우를 경험했다. '열심히 노동해서 얻을 게 별로 없다'는 교훈을 얻었다. 그 뒤 몇 년 동안 아버지가 하는 일을 도우면서 별다른 소득 없이 지냈다. 지금 전업으로 주식 투자를 하는 이유도 지난날 거친 노동 경험에 연결된다. 주식 투자는 돌봄하고 병행할 수 있어서 장점도 많았지만, 노동 소득보다는 돈으로 돈을 버는 자본 소득이 더 낫다고 판단했다. 이런 판단은 요즘 청년들 사이에 번지는 주식 투자 열풍하고도 궤를 같이한다. 노동 소득이 가치가 없다는 생각은 가족들에게도 공감을 얻어서 경훈은 취업 압박을 받지 않는다.

경훈은 돌봄이 끝난 뒤에도 쭉 전업 주식 투자를 할 작정이다. 주식 투자는 고졸 학력을 보지 않고, 할머니를 돌보느라 경력을 쌓지 못한 시간을 나무라지도 않는다. 경훈에게 주식은 이 세상보다 더 공평하게 느껴진다. 학력 낮고 경력 없고 누군가를 돌보느라 나이만 든 사람에게 세상은 불공평하다.

경훈을 청년 니트로 본다면 이런 청년을 다시 경제 활동으로 끌어들일 수 있을지를 논의하게 된다. 생산 가능 인구인 청년이 가정에서 돌봄을 하는 상황은 국가적 손실처럼 여겨질 수도 있다. 노동의 가치를 높이고 좋은 일자리를 보장하면 되는 걸까? 더 근본적인 문제를 살펴야 한다.

바로 '청년'이라는 시기에 관한 의문이다. 우리는 청년 시기에 으레 해야 한다고 여기는 보편적 생애 규범을 상정한다. 취업, 연애, 결혼, 출산, 내 집 마련 등이다. 보편적 생애 규범에서 청년은 아픈 타인을 돌볼 수 있는 사람이 아니다. 부모를 벗어나 독립하는 시기이자 새로운 가족을 만드는 시기로 이해되기 때문이다. 이런 생애 규범은 경훈이 할머니를 돌보겠다고 선택한 '욕심'에 자리를 내어주지 않는다. 원해서 하는 돌봄은 생애 밖으로 이탈하는 시간이 아니라 생애 자체가 될 수 없을까?

돌보고 싶다는 좋은 욕심

우리 모두 누군가 돌보고 싶다는 '욕심'을 부릴 수 있다. 아니, 부릴 수 있어야 한다. 돌보는 자와 돌봄 받는 자가 서로 잘 맞는 욕심이라면 마음껏 부려도 좋은 욕심이다. 그렇지만 현실은 우리 마음대로 되지 않는다. 마음은 누군가 돌보고 싶은 욕심이 넘쳐도, 현실의 우리는 경쟁하고 생산하고 이윤을 창출하고 이력을 쌓으며 살아가야 한다. 그렇게 하지 않으면 뒤처질지 모른다는 두려움이 생긴다.

돌보고 싶다는 욕심을 부릴 수 있으려면 우리의 생애를 재구성해야 한다. 여성뿐 아니라 남성도, 중장년뿐 아니라 청년도 돌봄자가 될 수 있다. 누구나 돌봄자이자 노동자라는 전제 아래 생애를 다시 상상하자. 우리는 모두 '반려'하는 존재들이다. 이제 우리의 존재 근거를 생애 규범에 확실하게 새겨 넣어야 할 때다.

7장

우리는 모두
돌봄 수혜자

자기가 겪은 고통이 다른 이들에게 반복되지 않기를 바라는 마음. 어린 시절 자기도 아픈 가족을 돌본 적이 있다고 말해주는 사회복지사를 만날 때 그런 마음을 마주한다. 사회복지사라는 직업도 그런 마음 때문에 선택한 사람들이다. 대개 어린 시절에 겪은 고통은 주어진 환경 속에서 스스로 어찌해볼 수 없는 상태에 놓인 때 닥친다. 그렇지만 어쩔 수 없는 고통을 겪은 뒤에 어떻게 살아갈지는 스스로 선택할 수 있다.

자기가 겪은 고통이 다른 이들에게 반복되지 않기를 바라는 마음을 더 많은 이들이 품게 되면 어떨까? 그런 마음을 실천하며 살아간다면 세상은 좀더 나아질 수 있을까? 이런 질문을 하다 보니 그런 이들을 사회복지사라는 직업으로 이끈 힘이 궁금해졌다.

내 문제를 나만의 문제로 가두지 않고 공동체의 문제로 끌고 가는 힘에 주목하고 싶었다. 그런 힘은 어찌할 수 없는 고통을 겪은 이들이 어찌해볼 수 있는 길을 만들려 할 때 필요할 테니까. 고통 이후를 살아가는 모든 이들에게 참조가 되는 이야기일지도 모른다. 이런 고민을 함께 나눌 사회복지사를 만났다.

커뮤니티 케어, 살던 곳에서 주고받는 돌봄

서진은 수도권에서 사회복지 기관 교육을 담당하는 사회복지사다. 20대 때부터 청소년 기관 자원봉사를 시작으로 청소년 상담센터와 사회복지관을 거쳐 40대 후반이 된 지금은 사회복지 현장을 연결하는 기관에서 일하고 있다. 다양한 복지 현장을 연결해 지역에 알맞은 '커뮤니티 케어' 모델을 만들고 싶다. 커뮤니티 케어는 아프거나 나이들어도 누구나 살던 곳에서 계속 돌봄을 주고받으며 살아가는 삶을 지향한다.

34년 전, 서진은 그런 공동체가 필요했다. 중학교 1학년 때 아버지가 갑자기 쓰러졌다. 어머니는 집 밖에서 생계를 도맡았고, 서진은 집 안에서 가사와 돌봄을 책임졌다. 병원비와 생활비 때문에 집안은 자주 휘청거렸고, 서진은 매일같이 집안일과 학업을 오가느라 정신이 없었다. 서진이 꺼내는 34년 전 이야기는 뒤늦은 회고가 아니다. 오히려 돌봄 정책이 변화하는 지금 우리가 곱씹어야 할 문제들을 제시한다.

정부는 2019년부터 커뮤니티 케어 선도 사업을 추진하고, 사회 서비스의 공공성을 강화한다며 사회서비스원 시범 사업을 실시하는 중이다. 요양과 돌봄이 시설이나 병원에 집중되고 사회 서비스가 시장에 좌우되는 상황에 문제의식을 느낀 탓이다. 그렇게 살던 곳에서 잘 돌보고 돌봄 받을 수 있는 바탕을 그려가는 중이다.

돌봄이 일어나는 공간이 시설이나 병원에서 지역과 집으로 이동하면 더 나은 돌봄을 할 수 있을까? 사회 서비스를 제공하는 주체가 시장이 아니라 공공이 된다고 해서 돌보고 돌봄 받는 삶의 가치가 올라갈까? 지금보다 나아지는 첫걸음이 될 수는 있지만, 돌봄을 '공간'과 '서비스'에 한정하기 어려운 점 또한 사실이다. 돌봄은 일상적 관계에서 행해지기 때문이다. 더 나은 돌봄을 상상하려면 '공간'과 '서비스'뿐 아니라 일상적 관계와 공동체 자체가 어떻게 바뀔지 살펴야 한다. 서진의 이야기는 돌봄 정책에서 일어나는 새로운 흐름 속에서 무엇이 재편돼야 우리 삶이 더 나아질지 말하고 있다.

너 때문에 참고, 너 때문에 버틴다

중학교 2학년 여름 방학이었다. 지금도 살고 있고 사회복지사로 일하는 지역으로 이사를 왔다.

"집이 좁아졌다."

이사한 집을 둘러보고 처음 받은 느낌이었다. 집을 줄여서 이곳으로 온 이유가 있었다. 떨어져 살던 형제들이 더

자라기 전에 함께 지내야 했다. 서진이 네 살 때 어머니가 크게 아팠고, 아이들은 돌봄을 받을 수 없었다. 남동생 둘은 작은아버지 집에 보냈다. 호적도 파서 따로 컸다. 헤어져서 10여 년을 지냈다. 어른들에게는 혈족끼리 함께 지내야 한다는 마음이 있었을까. 집을 옮겨 작은아버지네 근처에 터를 잡았다. 무더운 여름 한때가 그렇게 지나갔다.

아버지에게 심근 경색이 찾아왔다. 이사하고 일주일쯤 지난 때였다. 아버지는 40대 후반이었다. 하루빨리 회복해서 예전처럼 일해야 한다는 조바심 말고 어떤 마음을 품을 수 있었을까. 퇴원한 아버지는 새벽마다 서진을 끌고 뒷산에 올랐다. 서진은 더 자고 싶었지만 아버지가 무서워 늘 따라나섰다. 어둑한 산길은 한 치 앞도 보이지 않았다. 산책을 다녀와 아침밥을 차린 뒤 학교에 갔다. 서진도, 아버지도 한 치 앞을 알 수 없는 나날이었다.

아버지가 쓰러진 뒤 밥만 안 굶을 뿐이지 학교 준비물을 못 살 정도로 가난해졌다. 어머니는 직장을 그만두고 식당을 차렸다. 밤늦은 시간까지 장사하고 쪽잠을 잔 뒤 새벽 시장 다녀와 아침 장사를 시작했다. 집에 거의 못 들어온 어머니는 지칠 때마다 서진을 붙잡고 다시 일어섰다.

"너 때문에 참고, 너 때문에 버틴다."

서진은 이런 말을 들을 때마다 압박감인지 책임감인지 죄책감인지 모를 복잡한 감정을 느꼈다.

주말에 가끔 동생들이 놀러왔다. 함께 자라지 않은 시간은 서진과 동생들 사이에 고스란히 새겨져 있었다. 다른 형제들처럼 살갑지 못했다. 그런데도 동생들이 눈앞에 있으면 자기가 챙기고 돌봐야 한다고 생각했다. 마치 돌봄이 태어날 때부터 주어진 몫인 양 받아들이며 살았다.

　　"저는 지금 돌봄 문제가 누구 하나의 몫이 아니라 우리 모두의 문제라고 생각해요. 하지만 어렸을 때 교육을 받아온 효 문화에서 나도 모르게 장녀 역할이 학습이 되고, 세뇌가 되었다고 해야 하나요? 될 수 있으면 그게 당연히 제 몫이고, 제가 해야 된다는 생각이 굉장히 강하게 박혀 있는 거죠. 그때는 고립감이 가장 힘들었던 거 같아요. 몸이 고생해서 힘든 것보다, 심리적으로 누군가에게 내 마음을 터놓을 수 없다는 거. 어머니가 고생 많이 하시는 게 눈에 보이니까 웬만하면 내 손에서 해결을 해야 한다고 생각을 했었어요. 지금 생각해도 외롭다, 혼자다, 고립된 느낌, 이런 것들이 가장 힘들었던 거 같아요. 그때 유일하게 그래도 심리적인 지지가 되고 정보도 나눌 수 있던 곳이 교회였던 거 같아요."

　　어머니는 서진이 실업고에 진학하기를 바랐다. 빨리 취업해서 밥숟가락 하나 덜기를 바라는 마음이었다. 서진은 초등학교 교사가 되고 싶었다. 공부도 잘하는 편이었다. 차마 일반고에 가고 싶다는 말을 꺼내지 못했다. 원서 마감일이 돼서야 어머니를 붙잡고 울었다. 어머니는 딸의 꿈과 남편의 돌봄 사이에서 가족의 미래를 확신하지 못했다. 서진은 실업고에 들어갔다.

대학은 가고 싶었다. 어머니가 원하는 미래를 만들어가는 척하면서 서진이 꿈꾸는 미래에 다가서고 싶었다. 어머니에게 자격증 학원비 2만 원을 받으면 곧바로 입시 학원에 갔다. 부족한 과목을 공부해야 한다는 생각밖에 없었다. 수학과 영어를 번갈아 들으면서 대학에 갈 수 있는 길을 닦았다. 몰래 하는 공부여서 고민이 생겨도 어디 나누지 못했다. 공부한다고 가사와 돌봄의 몫을 줄일 수도 없었다. 줄일 수 있는 시간은 잠뿐이었다. 하루에 네 시간 자면 다행이었다.

아버지가 또다시 쓰러졌다. 서진이 고등학교 2학년 때였다. 이번에는 몸 오른쪽이 모두 마비됐다. 오른손은 숟가락이 입에 닿기도 전에 음식을 다 떨어트렸고, 오른발은 바닥을 헛디디며 아버지를 자주 넘어트렸다. 예전으로 돌아갈 수 있다는 희망이 꺼진 듯했다. 그때쯤부터 아버지는 모든 일에 화부터 내기 시작했다. 동네 사람들이 어디서 주워온 딸도 아니고 맨날 야단만 치느냐고 말릴 정도였다. 서진의 삶에 주어진 몫으로 아버지가 내는 화를 받아내는 일이 더해졌다.

12년 돌봄의 끝, 죄책감

아버지가 새벽마다 서진을 흔들어 깨우기 시작했다.

"엄마가 집문서를 가지고 도망갔다. 찾아봐라."

날마다 반복되는 말이었다. 한숨도 잠을 잘 수 없었다. 밤새 실랑이하다가 날이 밝으면 보습 학원으로 출근했다. 낮에는 보습 학원에서 아이들을 가르치고 밤에는 야간 대학에서 상담 교육학을 공부했다. 집에 돌아가면 아버지가 식탁 위에 쌓아둔 소금과 설탕을 마주했다. 새벽이 되면 아버지는 어머니를 찾아오라고 다시 난리를 피웠다.

쉴 수도 없었고, 뭘 더 할 힘도 없었다. 이 상황을 피하고 싶었다. 피할 수 있는 명분이 필요했다. 주위에서는 딸이 결혼하는 모습을 보지 못해 아버지가 눈을 못 감는다고 바람을 넣었다. 마침 어머니도 기운이 달려 식당을 접고 집에 들어오려던 참이었다.

"아버지가 자꾸 심해지시니까 집을 나가야겠다고 생각했어요. 결혼이라는 선택을 해버린 거죠. 스물세 살에 공부하다가 말고. 공부고 뭐고 다 귀찮았어요. 그땐 다 소진이 돼서 다 싫은 거예요. 그런 상황에서 이모에게 소개받아서 현재 남편을 알게 됐어요. 이모가 그랬어요. '너 이제 지겹지 않냐. 가서 네 인생 살아. 엄마도 이제 밥 못 먹고 사는 상황 아니니까, 가서 네 인생 살아.' 엄마도 결혼으로 독립해서 나가는 건 당연한 과정이라고 생각했으니 공식적으로 집 나가는 기회가 된 거잖아요. 결혼을 해서 심리적으로 힘든 부분이나 물질적으로 힘든 부분은 많이 덜어졌어요. 하지만 결국 이중 부담이더라고요. 아버지는 아버지대로 돌봐야 하고, 내 집안은 집안대로 돌봐야 하잖아요. 집을 청소해도 두 집을 해야 되는 거죠."

서진이 스물여섯 되던 해, 어느 날 아버지는 일어서지 못했다. 하반신을 아예 움직일 수 없었다. 검사를 여러 번 받아도 원인을 찾을 수 없었다. 다시 집에 돌아와서 아버지의 굳은 다리를 주무르고, 밥을 먹이고, 똥오줌을 받았다. 추운 겨울이고, 방바닥은 따뜻했다. 욕창이 생겼다. 수소문해서 간호사가 집에 오는 병원을 찾아 방문 간호를 예약했다. 아버지는 예약 날짜를 하루 남기고 눈을 감았다. 서진은 아버지와 간호사의 어긋난 하루가 자기 탓 같았다. 12년 동안 해온 돌봄의 끝은 자긍심보다, 후련함보다, 원망보다, 체념보다 죄책감이 더 컸다.

조금이라도 도움이 되고 싶은 마음

"사회복지를 하게 된 특별한 계기는 없었던 거 같아요. 늘 사회가 불공평하다고 생각했고, 그 고민을 가지고 발전적으로 살고 싶었어요. 내가 겪었던 아픔이나 어려움을 아직도 사회에서는 겪고 있잖아요. 내가 나의 경험을 바탕으로, 내가 걸어왔던 그 어려움을 나눌 수 없을지 고민했어요. 제가 제일 힘들었던 게 소외된 것 같고 삶의 지침을 나눌 수 있는 사람들이 없다고 느꼈던 거였잖아요. 그래서 제가 청소년 시기에 겪은 걸 비슷하게 겪고 있을 청소년들을 만나서 '조금이라도 도움이 되고 싶다'는 생각에 자원봉사를 시작했어요. 비슷한 경험을 교류하고 공감하며 서로 성장할 수 있잖아요. 그러다 봉사만 할 게 아니라 내가 더 할 수 있는 일이 없을까 생각을 많이 했죠. 자원봉사 경험이 사회복지라는 것을 선택하는 데 영향이 컸던 거 같아요. 사회복지사 자격증을 취득하고 나니까 내가 이걸 가지고 사회에 나가서 무엇을 할 수 있을까, 누군가를 '위해서'라기보다는 누군가와 '함께'할 수 있을까 고민했죠. 그때는 사람들과 소통할 수 있는 사람이 될 수 있을 것 같다는 정도로 시작했어요."

서진은 학업, 생계, 가사, 돌봄을 오가면서도 보육원 봉사 활동을 시작했다. 아버지가 돌아가신 뒤부터는 본격적으로 지역아동센터와 청소년 쉼터에서 개인 상담과 미술 치료 활동을 이어갔다. 그사이 서진은 두 아이의 '엄마'가 됐다. 남편은 자영업을 해서 평일 내내 가게에 매여 있었다. 주말마다 육아와 가사를 함께했지만, 서진이 육아와 가사를 전담하느라 일을 쉬어야 하는 현실은 달라지지 않았다. 한동안 일을 못하다가 아이들이 어느 정도 큰 뒤에 다시 청소년 상담센터에 취직했다.

서진이 줄곧 청소년들하고 연결되고 싶어한 이유는 '조금이라도 도움이 되고 싶다'는 마음이다. '나를 찾고 싶다'는 마음도 거기에 맞물려 돌아갔다. 청소년들을 만나는 일은 '엄마'라는 자리를 벗어나 '나'를 찾는 방법이기도 했다. 타인을 돕고 싶은 마음과 나를 찾고 싶은 마음은 사회복지라는 영역에서 접점을 맞춘다.

'조금이라도 도움이 되고 싶다'는 마음은 어떻게 생겨나는 걸까? '조금이라도 도움이 되고 싶다'는 마음과 '나를 찾고 싶다'는 마음은 어떻게 잘 맞물릴 수 있을까? 서진의 삶 자체가 계기라고 할 수도 있지만, 비슷한 삶을 산 사람이 모두 그런 마음을 품지는 않는다. 문제를 개인의 기질이나 성향의 차이만으로 보지 않는다면, 리처드 세넷Richard Sennett이 들려주는 이야기를 참조할 만하다.

세넷은 《투게더》에서 우리가 협력하며 살아온 과정과 협력하며 살아갈 수 있는 길을 탐구한다. 《투게더》의 마지막 장은 '조금이라도 도움이 되고 싶다'는 마음, 세넷이 한 표현으로 바꾸면 '뭔가 돌려주기'라는 마음이 생겨나 실천으로 이어지는 과정을 분석한다. 사람들이 공동체에 지속적으로 참여할 수 있는 동력을 파악할 수 있기 때문이다.

어린 시절 세넷은 미국 중서부 일리노이 주 시카고에 자리한 '카브리니 그린'이라는 공공 주택 단지에 살았다. 빈곤과 범죄, 마약이 일상인 곳이었다. 많은 이들이 형편이 나아지면 떠나려 했다. 어른이 된 세넷은 오랜만에 그곳에서 친구들을 만난다. 다시 만난 친구들은 대단히 성공한 사람은 아니어도 평범하게 살아가는 어른이 돼 있었다. 다들 평범하게 살아가는 어른이 되기도 쉽지 않은 어린 시절을 보냈다. 그런 친구들에게 공통된 마음이 하나 있었다. 이 지역에서 살아가는 아이들에게 '뭔가 돌려주기'를 하고 싶다는 마음이었다. 이곳에 사는 아이들은 지난날 자기들처럼 삶이 한순간에 무너질지 모른다고 생각하면서 지내고 있을 듯했다.

세넷은 이런 질문을 떠올린다. 왜 떠나는 선택이 유일한 길처럼 보인 카브리니 그린에 제 발로 찾아올까? 여기에 사는 아이들을 위해 뭔가 하고 싶다는 마음은 어떻게 생겨날 수 있을까? 지금 카브리니 그린에서 자라나는 아이들도 이런 마음을 가질 수 있을까? 세넷은 그런 마음과 실천을 가능하게 하는 세 요소에 주목한다. 바로 '사기'와 '확신'과 '협력'이다.

카브리니 그린에서 일상은 '사기'가 떨어지는 과정이다. 일터에서는 모욕을 겪고, 집에는 밀린 청구서가 쌓여 있다. 가난은 한 사람이 뭔가 더 해보려는 에너지를 빼앗기에 충분하다. 이런 상황에서 사기를 높일 수 있는 방법이 있을까? 세넷은 '소속감'과 '애도'라고 말한다.

카브리니 그린에서는 소속감을 얻으러 갱단에 가입하는 사례가 많았다. 이익을 얻고 승급을 하면 성취감을 누린다. 그러면 떨어진 사기를 잠깐이나마 끌어올릴 수도 있다. 그렇지만 갱단 활동은 지속적이기 어렵다. 소속감을 이어가려면 끊임없는 헌신이 필요하다. 여기서 '헌신'은 모든 것을 쏟는다기보다는 스스로 품을 내고 시간을 들이는 마음을 말한다. 문제는 헌신하던 사람도 의문이 생기면 언제든 그 마음을 거둬들일 수 있다는 점이다. '이 활동은 내가 헌신할 만한 가치가 있을까?' 이런 질문이 떠오른 순간에 답을 못 찾으면 소속감은 금세 무너질 수 있다.

애도는 어떨까? 흔히 우리는 애도를 죽음 앞에서 취하는 태도라고 생각한다. 그렇지만 지우고 싶은데 지워지지 않는 기억에도 애도가 필요하다. 지그문트 프로이트는 애도에 관해 이렇게 말했다. "애도는 서사를 담고 있으며, 부모나 연인을 잃은 고통이 점차적으로 회복 불가능한 것으로 인정되는 과정, 즉 잃어버린 사람이 완전히 가버렸다는 것을 인정하고 나서 앞으로 계속 나아가려는 욕구가 되살아나는 그런 과정이다."[*]

* 리처드 세넷, 《투게더》, 김병화 옮김, 현암사, 2013, 404쪽.

사기를 회복하려면 사기를 떨어트린 요소를 마주하고 인정하며 받아들여야 한다. 그러려면 시간이 필요하다. 충분한 시간을 두고 지난날의 고통스러운 기억을 애도할 수 있다면, 그 기억은 사라지지는 않더라도 삶을 지배하지 못한다. 더 나아가 애도를 하면서 앞으로 어떻게 살아가야 할지에 관련된 '확신'을 강화할 수도 있다. '앞으로 계속 나아가려는 욕구'가 되살아나기 때문이다.

세 요소 중에서 '확신'은 삶의 장기적 전망을 마련해준다. 내가 헌신할 만한 가치를 찾느라 헤매지 않게 해준다. 그렇다면 무엇을 확신해야 할까? 세넷은 확신이 단일한 가치를 향한 '신념'으로 굳어지면 폭력으로 변질될 수 있다고 본다. 카브리니 그린의 어른들이 아이들에게 신념을 품고 접근한다면 '내가 할 수 있다면 너도 할 수 있어'라는 식의 강요로 번질 수도 있다. '공동체'와 '협력' 자체에 관한 확신이 신념보다 더 중요하다.

공동체 자체가 소명이 되었다. 그 속에서 협력은 목적 그 자체와 비슷한 것이 되어, 공동체에 살거나 그곳에서 일하는 사람들의 자아를 충족시켜준다. 카브리니 그린에서 살던 내 어린 시절의 이웃은 일찍부터 지역 공동체에 깊이 참여해온 사람들이지만, 그들의 공동체 의식은 성인이 되어 깨달은 소명으로서 개발된 것이 아니다. 또 자신을 확인하기 위해 타인에게 권력을 행사한다는 궤적을 따르지도 않는다. 과거에 대한 애도가 '뭔가를 돌려주기'라는 소명에 대한 지침을 준 것도 아니었다. …… 이는 공동체적 협력을 통해 내면의 목적의식을 어떻게 개발할 것인가 하는 문제가 된다.*

'공동체라는 소명'은 고통스러운 기억을 애도한다고 해서 저절로 생겨나지 않는다. 다만 떨어진 사기를 애도를 거쳐서 끌어올린 뒤 살아갈 수 있는 삶의 방식 중 하나가 공동체라는 소명일 뿐이다. 애도와 공동체는 원인과 결과가 아니라 영향을 주고받는 상관관계에 있다. 애도와 공동체가 동반할 때 발생하는 효과가 분명하기 때문이다. 한 사람이 고통스러운 과거에 지배되지 않으면서 동시에 더 나은 공동체를 만들어가는 확신을 가질 수 있다.

어떻게 하면 더 많은 사람들이 공동체를 소명으로 공유할 수 있을까? '공동체적 협력' 과정이 개개인의 '내면의 목적의식'을 개발할 수 있느냐에 달려 있다. 세넷은 공동체적 협력과 개인의 내면이 엮일 수 있는 비법이 '즐거움'이라고 말한다. 공동체의 성원인 개개인이 성취감과 효능감, 즐거움을 느끼지 못한다면 공동체적 협력과 개인의 내면은 엮

---

* 리처드 세넷, 《투게더》, 김병화 옮김, 현암사, 2013, 415~416쪽.

.

일 수 없고, 공동체가 소명이 될 수 있는 길도 멀어진다.

세넷이 말한 세 가지 요소는 지금 서진이 담당하는 교육 사업이 지향하는 가치하고 공명한다. 그 가치는 사회복지 종사자들과 지역 주민들의 '시민력 향상'과 '공동체성 증진'이다. '시민력'은 자기가 속한 공동체의 문제점을 인식하고 자기 방식대로 목소리를 내면서 뭔가를 할 수 있는 힘을 가리킨다. '공동체성'은 그 힘들을 연결하고 각자가 겪는 문제를 함께 고민하려는 지향을 담는다. 서진은 지금 하는 일이 당장 성과를 내지는 못하더라도 미래를 위해 '씨를 뿌리는 일'이라고 설명한다.

서진에게 타인을 돕는 일은 곧 나를 찾는 일이고, 나를 찾는 일은 곧 타인을 돕는 일이다. 어디 한쪽으로 기울어서 타인을 나를 찾는 수단으로 쓰거나 나를 소진하면서 타인을 돕지 않게 균형을 맞춘다. 균형추는 공동체라는 소명이다. 결국 서진은 자기가 속한 공동체를 더 낮게 만드는 일을 한다. 그런 만큼 '일' 자체가 자기 존중이 되기도 한다.

서진이 담당하는 교육 사업은 자기 혼자 걸어온 길을 많은 이들이 혼자 걷지 않게 하려고 함께 걷는 일처럼 보인다. '시민력 향상'과 '공동체성 증진'은 세넷이 말한 사기, 확신, 협력하고 다르지 않다. 세넷이 공동체적 협력과 개인의 내면을 엮을 수 있다고 말한 즐거움이란 자기 존중의 다른 이름이 아닐까. 자기가 하는 활동에 자기가 소외되지 않는다는 감각을 즐거움이라 부를 수도 있고 자기 존중으로 불러도 되니까 말이다. 즐거움을 느끼고 자기를 존중할 수 있는 '커뮤니티'에서 어떤 '케어'가 일어날 수 있을까? 커뮤니티 케어라는 변화된 돌봄 정책은 어떤 공동체가 필요한지 근본적으로 물을 수 있는 계기일지도 모른다.

돌봄 무임승차권을 넘어 돌봄 민주주의로

"마음은 이제 누구 안 돌보고 싶어요. 그런데 이게 이상하게 천성이랄까, 오지랖이 넓어서 누군가 있으면 내가 나서야만 할 것 같아요. 대부분 대면해야 하는 영역을 싫어하고 힘들어해요. 맞아요. 맞는데, 다 피해갈 수만은 없잖아요. 그러니 피할 수 없으면 그 안에서 한 명 한 명 찾아가는 게 가장 맞는 거고. 저는 돌봄이 싫다거나 좋다거나 이런 식으로 보기보다는 누군가 돌봐야 한다는 전제로 현장에서 내가 할 수 있는 일은 뭐가 있을까에 초점을 많이 맞춰서 생각해요."

서진은 한 번도 돌봄을 쉰 적이 없다. 아픈 아버지를 돌봤고, 두 아이를 키웠다. 직업인으로 청소년들을 살폈고, 지금은 커뮤니티 케어를 고민하면서 노인, 장애인, 아이를 돌보는 데 골몰한다. 이제 노년에 접어들어 여러 질환을 앓게 된 어머니의 돌봄과 부양을 맡고 있기도 하다. 이제까지 어머니하고 따로 살아온 남동생들은 어머니를 돌보는 일을 자기 몫으로 여기지 않는다. 서진 또한 지금은 동생들에게 뭘 바라지 않는다. 다만 나중에 자기가 건강하지 못해서 돌봄을 더 하지 못할 때 동생들이 대신 어머니를 돌봐주기를 바랄 뿐이다. 언젠가는 서진도 '돌봄 하는 사람'에서 '돌봄 받는 사람'이 될 터였다. 서진에게 '돌봄 받기'란 어떤 의미일까?

"가족한테 짐은 되고 싶지 않고, 그 시간을 생각하고 싶지도 않죠. 만약 제게 그런 상황이 와서 '집에서 가족들한테 돌봄 받을래 요양원 갈래' 하면 저는 요양원 갈래요. 왜냐면 그게 나를 위해서도, 가족들을 위해서도 편할 것 같거든요. 저는 갈 거예요. 가야 된다고 생각해요. 그게 서로 생활을 지킬 수 있는 길인 거 같아요. 돌봄을 하면 생활 자체가 없어지잖아요."

서진의 삶에서 돌봄은 일방적이었다. 마치 무한한 자원인 양 누군가를 끊임없이 돌봤다. 그렇지만 돌봄 하는 사람은 무한한 '자원'이 아니다. 아니, 차라리 '자원'이면 순환돼서 재생이라도 할 수 있지 않을까. 딸이자 엄마라는 위치를 떠올린다면 순환되지 않는 돌봄은 서진만의 문제가 아니다. 어째서 끊임없이 돌봄을 한 사람이 자기도 돌봄을 받아야 한다는 마음을 지닐 수 없을까?

많은 여성이 몸이나 마음이 아플 때도 돌봄과 가사를 해야 한다는 압박을 느낀다. 아플 때 요양원에 가면 돌봄과 가사를 하지 않아도 되니 오히려 진짜 휴식이 된다는 말까지 할 정도다. 삼시 세끼 다 챙겨주고 누워서 회복에만 전념하면 되니 말이다. 다르게 보면 여성에게는 선택의 여지가 많지 않다는 뜻이기도 하다. 왜 여성은 '집'을 선택할 수 없을까? 왜 요양원만 돌봄 공간으로 여길까?

여기서 우리는 돌봄과 가사가 여성과 약자에게 떠넘겨지는 맥락을 살펴야 한다. 정치학자 조안 트론토Joan Claire Tronto는 이런 문제를 민주주의에 관련된 쟁점으로 파악했다. 돌봄 책임이 여성에게, 가난한 사람에게, 유색 인종에게, 이주 노동자에게 분배되는 현실은 불평등하고 비민주적이다. 이런 사람들은 돌봄을 수행하지만 사회의 모든 방면에서 취약한 조건에 있기 때문에 돌봄에 관한 공적 논의에서 멀어질 수밖에 없다. 반면 남성들이나 높은 지위에 있거나 부유한 사람들은 돌봄을 하지 않는데도 돌봄에 관한 공적 논의에서 목소리를 낼 수 있다. 사회적이고 경제적이고 정치적인 힘이 있기 때문이다. 결국 돌봄을 하지 않는 사람은 돌봄을 잘 받고 돌봄을 하는 사람은 돌봄을 받지 못하는 상황이 된다.

이런 문제를 해결하려면 돌봄을 받으면서 돌봄을 하지 않아도 된다고 여겨지는 '무임승차권'을 회수해야 한다고 트론토는 제안한다. 회수해야 하는 무임승차권은 모두 다섯 가지로, 보호형 무임승차권, 생산형 무임승차권, '나만의' 무임승차권, 부트스트랩^{bootstrap}형 무임승차권, 자선형 무임승차권이다. 이 다섯 가지 무임승차권은 돌봄을 둘러싼 현실을 조망할 수 있게 해주는 동시에 우리의 일상적 관계를 지배하는 관념들을 되돌아보게 한다.

보호형 무임승차권과 생산형 무임승차권은 외부의 위험에 맞서 안전을 담당하거나 돈을 번다는 이유로 돌봄을 직접 하지 않아도 된다고 여기는 특권을 말한다. 대개 남성에게 몰린 이 특권을 내려놓는 문제는 남성도 돌봄을 해야 한다는 평등에 관련된 사안이면서 또 다른 의미를 지닌다. '보호'와 '생산'의 의미를 다시 구성할 수 있기 때문이다.

보호와 생산은 넓은 의미에서 보면 세상을 돌보는 활동이지만, 현실에서는 돌봄하고 괴리된 사례가 많다. 보호는 폭력이나 억압으로 변질될 수 있다. 군 복무, 치안 활동, 가정 보호 등을 떠올려보자. 그런 활동들은 구체적인 누군가를 돌보는 일보다 더 가치 있다고 여겨진다. 그렇지만 그런 활동을 구태여 돌봄에서 떼어낼 필요는 없다. 오히려 넓은 의미의 돌봄이라고 말할 수 있어야 한다. 그러려면 뭔가를 보호하기 때문에 돌봄을 하지 않아도 된다는 생각을 의심해야 한다. 그런 의심이 보호형 무임승차권을 반납하는 방법이다.

생산은 재생산에 의존한다. 누군가 해준 밥을 먹고 빨아준 옷을 입고 출근하는 노동자를 떠올려보자. 생산이 재생산에 의존한다는 말이 바로 이해된다. 그런데도 생산은 재생산의 가치를 폄하하는 기준이 된다. 생산은 공적 기여를 한다고 인정받는 반면 재생산은 사적 활동으로 여겨지며 제대로 평가받지 못한다. 바로 공적인 것과 사적인 것을 나누는 시각이 돌봄의 가치를 인정하지 않는 주된 요인이다. 생산과 재생산, 공적인 것과 사적인 것을 가르는 위계의 중심에는 생산형 무임승차권이 있다. 남성에게 주로 주어진 보호형 무임승차권과 생산형 무임승차권은 성별 불균형을 탄탄하게 지속시키기도 한다. 그래서 맞벌이를 하더라도 여성만 돌봄과 가사를 떠맡는 일들이 벌어진다. 생산형 무임승차권을 반납하려면 우리 마음과 일상부터 사회 전체에 걸쳐 재생산이 있기 때문에 생산이 있다는 사실을 인정해야 한다.

'나만의' 무임승차권은 내가 내 가족에게 하는 돌봄만 잘하면 된다는 생각을 담고 있다. 이런 생각은 한 가정의 경제적 여건에 따라 돌봄의 질이 달라지는 문제를 낳는다. 트론토는 경제적 불평등이 돌봄의 불평등으로 이어지는 현실을 방관하는 태도 또한 무임승차라고 봤다. 부모가 노동 조건이 좋은 정규직이라면 아이가 받을 수 있는 돌봄의 질이 좋아질 가능성이 높다. 반대로 부모가 노동 조건이 나쁜 비정규직이라면 아이가 받을 수 있는 돌봄의 질은 낮아질 수밖에 없다.

노동 시장에서 나타난 불평등이 아이 삶에서 고착된 불평등으로 이어지기 때문에 '나만의' 무임승차권은 문제적이다. 중산층 가정의 지위 대물림도 여기에 들어갈 수 있다. 더 나아가 한국에서 부모를 돌보는 자식을 '효자'나 '효녀'로 호명하는 기제 또한 '나만의' 무임승차권을 강화한다. '나만의' 무임승차권을 내려놓으려면 내 가족만 잘되면 된다는 생각부터 버려야 한다. 모든 사람의 돌봄이 나아지는 방향을 함께 모색할 때 '나만의' 무임승차권을 반납할 수 있다.

부트스트랩형 무임승차권과 자선형 무임승차권은 시장 안에서 돌봄이 해결될 수 있다는 믿음에 바탕한다. 부트스트랩형 무임승차권은 돌봄이 필요할 때 돌봄을 사면 된다고 말하고, 자선형 무임승차권은 누군가를 돌보는 일은 사회가 맡아야 할 사안이 아니라 개인의 자선이 필요한 영역이라고 말한다. 자선형 무임승차권은 돌봄을 시장의 잔여분 정도로 보고 있는 셈이다. 이 두 승차권은 인간을 합리적 소비자이자 독립적 행위자로 본다는 점에서 시장 지향적이다.

돌봄에서 시장의 구실을 완전히 배제할 수는 없다. 공공을 통해 당장 채울 수 없는 돌봄이 시장을 거쳐 어느 정도 메워지기도 한다. 문제는 결국 돈 가진 사람만 원하는 돌봄을 충분하게 받을 수 있다는 현실이다. 부트스트랩형 무임승차권과 자선형 무임승차권 또한 경제적 불평등이 돌봄 불평등으로 이어지는 고리를 강화할 뿐이다. 돌봄 하는 사람이 돌봄을 받지 못하는 상황을 만드는 이런 무임승차권들은 돌봄이 의무이자 권리라고 말하지 못하게 하는 걸림돌이다. 돌봄이 상품이기 이전에 의무이자 권리라는 합의가 맺어져야 이런 무임승차권들을 회수할 수 있다.

트론토가 한 승차권 비유처럼 돌봄은 쉬지 않고 순환하는 대중교통하고 똑같다. 코로나19 팬데믹은 공장은 멈출 수 있어도 돌봄은 멈출 수 없는 모습을 뚜렷하게 드러냈다. 무임승차권을 회수해야 하는 이유가 바로 여기에 있다. 태어나고 아프고 늙고 죽는 과정은 우리의 삶 자체다. 그러므로 우리 모두 '돌봄 수혜자'다. 우리는 돌봄을 받은 적이 있고, 받고 있으며, 받게 된다. 우리는 이 당연한 사실을 여태껏 잊고 살았다. 사회, 경제, 정치의 전 영역에서 이 당연한 사실을 무시하기 때문이었다. 말하자면 세계는 허구에 기대서 발전한 셈이다. 인간이 의존하지 않고 독립적으로 존재한다는 허구 말이다. 이런 세계에 의존하면서 살아가는 우리의 삶 자체가 끼어들 틈은 없었다. 틈을 만들어야 한다. 우리 모두 '돌봄 수혜자'라는 사실부터 인정하자.

모든 행위자가 자신을 돌봄 수혜자라고 기꺼이 생각한다면 두 가지 효과가 있다. 첫째, 자신을 단지 행위자가 아니라 수혜자로 보는 관점이 정상적인 것으로 자리를 잡게 된다. …… 둘째, 돌봄 수혜자는 이제 '타인'으로 간주하지 않는다. …… 인생 여정을 통해서 보면, 돌봄을 받는 사람과 돌봄을 주는 사람은 모두 동일한 사람이다. 돌봄을 실천하려거나 사회를 통해 돌봄 책임을 분담하려고 할 때, 우리가 명심하고 마음에 새겨야 하는 문제는 불평등이다.[*]

여기서 불평등은 돌봄 수혜자와 돌봄 제공자 사이에 자리잡은 관계의 불평등, 곧 권력 관계를 말한다. 돌봄 수혜자는 수동적 존재로 여겨지고 돌봄 제공자는 능동적 존재로 여겨지는 문제를 고민해야 한다. 나아가 트론토는 돌봄에 관해 토론할 때조차 대부분은 돌봄 수혜자가 아니라 돌봄 제공자의 관점에서 시작한다고 지적한다. 바로 이런 불평등이 우리 자신을 돌봄 수혜자로 인정하고 상상하지 못하게 가로막는다.

이런 불평등은 우리의 관점이 변화하면서 해결될 수 있다. 우리는 우리가 모르는 사이에 돌봄으로 상호 작용을

[*] 조안 C. 트론토, 《돌봄 민주의》, 김희강·나상원 옮김, 아포리아, 2014, 282~283쪽.

하고 있었다. 다만 우리는 그 사실을 스스로 무시했다. 돌봄 수혜자라고 해서 받기만 하지는 않으며 돌봄 제공자라고 해서 주기만 하지도 않는다. 지금 당신이 돌봄 제공자라면 스스로 이런 질문을 던져보자. 나는 돌봄을 하면서 무엇을 받았을까?

우리는 모두 돌봄 수혜자

우리는 돌봄을 하면서 무엇을 받았는지 묻는 질문을 통해 자기가 한 경험 속에서 돌봄 수혜자는 수동적 존재가 아니라는 사실을 발견할지 모른다. 그렇다면 내가 돌봄 수혜자가 될 때 돌봄 제공자에게 능동적으로 할 수 있는 뭔가를 상상할 여지가 생긴다. 결국 돌봄은 서로 관계를 맺고 협력하는 과정이기 때문이다.

줄곧 돌봄을 해온 사람이 자기를 돌봄 수혜자로 인정하고 상상하기란 쉽지 않다. 자기가 무너지면 돌봄이 멈출 수밖에 없는 상황 속에서 살아온 때문이다. 누군가의 희생에 기대어 돌봄을 유지하는 부작용인 셈이다. 돌봄 제공자가 스스로 돌봄 수혜자라는 현실을 인정하고 상상하지 못한다면 돌봄을 받는 일이 '정상적인 것'이 되는 변화도, 돌봄 수혜자가 '타인'으로 간주되지 않는 일상도 불가능하다.

그래서 서진에게 돌봄 받을 권리가 보장되지 않는 현실은 서진 한 사람이 아니라 우리 전체의 문제다.

돌봄 제공자가 언제든 돌봄 수혜자가 돼도 괜찮은 사회가 필요하다. 그래야 우리는 모두 돌봄 수혜자라는 사실을 당연하게 인정하고 상상할 수 있다. 모든 사람이 돌봄 수혜자일 때 우리의 일상적 관계와 공동체는 어떤 모습으로 바뀔까?

8장

영 케어러는
노인이 될 수 있을까

영 케어러는 무사히 노인이 될 수 있을까? 영 케어러들끼리 모인 자리에서 이 질문을 한 적이 있다. 우리가 늙으면 어떤 돌봄을 받을 수 있을지 상상해보고 싶었다. 돌봄 경험이 적지 않은데도 구체적인 상이 안 떠올랐다. 외려 막막했다. 앞으로 누가 우리처럼 빈곤과 불안정 노동을 견디며 아픈 이의 곁에서 더불어 살려 할지 고민이 됐다. 누군가를 돌보다가 나이든 사람이 나중에 돌봄을 받지 못하는 현실은 아이러니하다. 오늘날 여성 노인의 삶이 그렇다. 한평생 돌봄을 떠맡은 여성이 나이들어 돌봄을 받지 못하는 상황이 흔하다.

한국 사회는 유례없는 속도의 고령화와 저출생을 겪고 있다. 앞으로 더 많은 이들이 돌봄을 받아야 하고 돌봄을 해야 한다. 2024년이면 전체 인구의 20퍼센트가 고령 인구인 초고령 사회로 진입한다.

초고령 사회는 시작일 뿐이다. 2021년 12월 통계청이 발표한 '장래인구추계 ― 2020~2070년'을 보면, 2070년에는 전체 인구가 3766만 명으로 감소하는데, 그중 고령 인구는 1747만 명으로 46퍼센트를 차지한다. 1992년생인 나는 그때가 되면 만 78세가 돼 여기에 들어간다. 생산 연령 인구는 1737만 명까지 준다. 고령 인구가 조금 더 많다. 일대일로 부양해야 하는 구조를 피할 수 없다.

거시적인 관점에서 일대일의 부양이지 일상에서는 일

대다수가 될 가능성이 높다. 생산 연령 인구라 할지라도 영 케어러처럼 어린 생산 연령 인구가 아픈 생산 연령 인구를 돌볼 수도 있다. 노인이 되기 전 아픈 부모일 수도 있고, 형수의 이야기처럼 형제일 수도 있다. 한 사람이 일상에서 짊어져야 하는 돌봄과 부양의 무게가 더 무거워진다. 이렇게 혼자서 돌봄과 부양을 짊어진 사람은 또 누가 돌보고 부양할까? 고민에 고민을 이어가다 보면 결국 친밀함을 바탕으로 돌봄을 주고받는 관계가 끝날지 모른다는 두려움까지 생긴다.

혹시 내가 '가족 난민'이 되지는 않을까? 사회학자 야마다 마사히로는 사적 관계에서 보호받지 못하는 이들을 관찰하며 가족 난민이라는 말을 만들었다. 가족 난민은 자기가 뭔가 필요할 때 지원을 받지 못하는 사람이면서 자기를 필요하게 여기고 소중히 대하는 존재가 없는 사람을 가리킨다. 일본 사회에서는 부모하고 동거하면서 경제적으로 의존하는 이들이 늘어났고, 이런 이들은 일과 결혼을 하지 않은 채 나이가 들었다. 부모가 세상을 떠난 뒤 혼자 남겨져 돌봄을 주거나 받지 못하는 상태가 됐다.

한국 사회에서도 이런 징후를 엿볼 수 있다. 중장년층의 이중 부양 부담만 해도 그렇다. 중장년층은 노년이 된 부모를 부양해야 하면서 청년이 된 뒤에도 경제적으로 자립하지 못하는 자녀를 부양해야 한다. 자녀가 경제적으로 자립하고 가족을 형성하면 좋겠지만, 그렇지 못한다면 가족 난민이 될 가능성을 배제할 수 없다. 경훈의 이야기처럼 자기가 사랑하는 할머니를 스스로 돌보더라도 바로 그 돌봄 때문에 생애 과업이 밀리고 나이들어도 부모에게 의존해야 하는 상황이 벌어질 수도 있다. 고독사 문제도 마찬가지다. 고독사에 앞서서 고독한 삶이 있는 법이다. 한국도 가족 난민이 나타나기 시작한다고 해도 틀린 말은 아니다. 무사히 노인이 되기는커녕, 무사히 중장년은 될 수 있을지도 의문이다.

상황을 꼭 비관적으로 받아들일 필요는 없다. 오히려 돌봄 사회로 가는 기회가 될 수도 있다. 이제 돌봄을 여성에게만 맡겨두면 안 된다. 남성이라거나 젊다고 해서 돌봄 문제를 피하지 말아야 한다. 성별과 세대를 막론하고 모두 돌봄을 이야기해야 할 때다.

'정상 가족'과 생애 주기

영 케어러 이야기에서 두드러지는 공통점과 차이점이 있다. 공통점은 돌봄을 하게 되는 구조적 문제다. 대부분이 남성 생계 부양자와 가정주부를 바탕으로 한 '정상 가족' 모델이 붕괴된 여파에 직간접으로 연관된다. 질병이나 장애 때문에 남성 생계 부양자나 가정주부의 기능이 약해질 때 가사와 돌봄, 더 나아가 생계유지에 공백이 생긴다. 그 공백을 자녀가 메우면서 영 케어러는 시작된다. 영 케어러는 '정상 가족' 모델의 취약성을 보여주는 증거인 셈이다.

그런데도 영 케어러들은 '정상 가족'을 표준으로 삼는 환경에 노출되면서 고통을 받는다. 성희는 연이 끊긴 아버지의 가족 보호자로 불려간다. 푸른은 할머니가 돌봄 서비스를 받지만 서비스 시간과 일수가 충분하지 않은 탓에 자기가 나머지를 채워야 한다. 돌봐주는 이 없는 1인 가구는 더 배제될 수밖에 없는 환경이다. 모든 이를 위한 돌봄이 가능하려면 '정상 가족' 모델을 넘어서는 다른 모델이 필요하다. 한 사회가 제시하는 모델은 사회 성원의 삶 전반을 구성하는 전망이기 때문이다.

학업, 취업, 결혼, 임신, 출산, 양육으로 이어지는 생애 과업의 틀은 '정상 가족'을 형성하는 데 바탕이 된다. 한 사회가 안정적으로 인구를 재생산하는 여정이기도 하다. 이런 생애 주기는 청소년기나 청년기에 돌봄을 할 가능성을 열어두지 않는다. 청소년기는 가정에서 돌봄을 받으면서 교육에 열중하는 시기이고, 청년기는 원가정에서 독립하는 시기일 뿐이다.

청소년기나 청년기에 돌봄을 할 수 있다고 전제하면, 학교는 학생을 교육할 뿐 아니라 돌봄 하는 학생을 보호하는 기능을 강화할 수도 있다. 그러면 10대 시절부터 돌봄을 맡은 푸른, 희준, 아름, 서진처럼 돌봄과 학업을 병행하느라 혼자 고군분투하지 않아도 된다. 또한 이런 생애 주기는 영 케어러가 가정 안에서 돌봄을 피할 수 있는 계기로 작동하기도 한다.

이런 점은 아름과 서진의 이야기에서 잘 드러난다. 아름은 진학이라는 구실로 가정을 빠져나오고, 서진은 결혼을 계기로 아버지 돌봄을 벗어난다. 아름은 돌봄 문제뿐 아니라 가정 폭력도 겪지만, 두 사람은 '정상'적 생애 주기라는 구실 말고는 상황을 벗어날 계기가 마땅치 않다는 점에서 비슷하다. 따라서 영 케어러를 둘러싼 상황을 해결할 방법을 살피는 한편, 생애 주기의 작동 방식도 들여다봐야 한다. 집에 아픈 가족이 생기거나 조카에게 돌봄 공백이 나타나면 취업하기 전까지 돌보는 청년도 적지 않다. 대개 취업하면서 돌봄을 벗어난다. 미취업 상태로 '정상'적 생애 주기에 '아직' 진입하지 못한 만큼 집에서 돌봄을 해도 된다는 암묵적 인식이 바탕에 깔린 셈이다.

한국 사회의 생애 주기는 청소년기와 청년기에 돌봄을 한다는 사실을 배제하는 한편 돌봄을 삶의 예외 상태로 두고 있다. 틀에 짜인 생애 주기는 돌봄이 우리 삶에서 중심이 되지 못하는 요인의 하나다. 더 나은 돌봄을 하려면 생애 주기의 방향을 '정상 가족'에서 벗어나게 해야 한다.

돌봄을 사적 영역에 가두는데다가 여성이 맡아야 할 일로 전제하고 있기 때문이다. '정상 가족'이 붕괴된 자리에서 시작된 영 케어러의 삶을 다시 '정상 가족'으로 향하게 만들자는 말은 우리가 이 문제를 충분히 숙고하지 않는다는 뜻일 뿐이다.

영 케어러가 비자발적으로 생애 과업을 포기하는 상황을 막아야 한다. 사회적 지원은 필수다. 그렇지만 남들처럼 '정상'적인 생애 이행을 할 수 있게 돕는 쪽보다는 삶의 자율성을 보장하는 방향이어야 한다. 우리의 생애 주기는 이미 재편되고 있으며, 재편돼야 한다. 지금 영 케어러를 이야기하자. 돌봄은 삶의 걸림돌이나 예외가 아니라 다른 생애 주기를 시작하는 계기가 될 수 있다.

돌봄 할 권리와 비공식 돌봄

영 케어러 이야기에서 두드러진 차이점은 돌봄을 대하는 태도다. 영 케어러는 돌봄을 하고 싶은 사람과 돌봄을 하고 싶지 않은 사람으로 나뉜다. 앞의 경우는 돌봄은 힘들지만 부담이 줄면 얼마든지 함께하고 싶어한다. 뒤의 경우는 어쩔 수 없이 돌봄을 떠맡은 탓에 대신할 사람이나 제도가 있으면 안 하고 싶어한다. 이런 차이는 돌봄이 필요한 사람하고 맺은 관계 경험, 돌봄을 맡아서 받은 피해 정도, 개인 성향, 심리 정서, 신념 등에 영향을 받는 듯하다. 핵심은 한국 사회가 이 차이를 존중할 수 있는 방법이다.

돌봄 할 권리와 돌봄 할 자유 사이의 균형이 필요하다. 돌봄 할 권리가 충분히 보장된다면 생애 전반에 돌봄을 어느 정도 배치할 수 있다. 먼저 비공식 돌봄, 곧 무급으로 가까운 이를 돌보는 노동을 인정하고 보상하는 문제를 논의해야 한다.

2021년 서울시 성동구는 '경력보유여성 등의 존중 및 권익 증진에 관한 조례'를 제정한다. 육아, 가사, 간병 같은 비공식 노동에 '경력인정서'를 발급할 근거를 마련하려는 조치다. 무급 돌봄 노동을 한 사람들이 취업 역량을 강화할 수 있는 교육을 지원하고, 지자체 산하 공공 기관이나 사회적 기업하고 협력해 실질적인 효과를 내려 한다.[*] 돌봄의 시간을 아무것도 생산하지 않은 공백이 아니라 의미 있는 경력으로 만들려는 시도다. 사회와 돌봄을 연결하려 시도해야 한다. 그래야 돌봄 할 권리를 더 분명하게 보장할 수 있다.

비공식 돌봄에 수당이나 임금 같은 형태로 현금을 지급

---

[*] 김기범, 〈'돌봄노동도 경력이다' 성동구, 전국 최초 돌봄노동 경력 인정 조례 제정〉, 《경향신문》 2021년 11월 9일.

하는 방법도 있다. 비공식 돌봄에 가격을 매기는 일이 어떤 사람은 불편할지도 모르지만, 그나마 사회적 인정을 받고 생활에도 보탬이 된다는 점에서 의미를 지닌다. 영국은 1975년부터 아픈 가족을 돌보는 이에게 '돌봄자 수당'을 준다. 다만 수급 조건이 까다롭고 급여 수준도 낮은 편이다. 2020년 1월 기준으로 주 35시간 넘게 돌보면 주당 66.15파운드를 받는다.* 우리 돈으로 10만 원 조금 넘는다. 한국은 아픈 가족을 돌보는 비공식 돌봄에 대놓고 현금을 주지는 않지만, 현금 지급 형태가 아예 없지는 않다.

먼저 '양육 수당'을 들 수 있다. 어린이집이나 유치원을 이용하지 못하는 보호자에게 월 10~20만 원을 준다. 비슷한 성격의 수당이 노인 돌봄 분야에도 있다. 노인 장기 요양 서비스를 이용하지 못하는 가족에게 지급되는 '가족 요양비'로, 월 15만 원 정도다. 가족이 요양보호사 자격증을 따서 아픈 가족을 돌보며 임금을 받는 방법도 있다. 산재 보험에서 간병 등급에 따라 하루당 간병비나 간병 급여를 받을 수 있는데, 거기에도 '가족 간병'이 들어간다.

통계청도 이미 비공식 돌봄이 지닌 경제적 가치를 파악하고 있다. '2019년 가계생산 위성계정'에 따르면, 무급 가사 노동과 돌봄 노동의 가치는 490조 9000억 원으로 국내

---

* 전미양, 〈영국의 비공식 돌봄제공자 지원 제도〉, 《국제사회보장리뷰》 봄호, 2020.

총생산 대비 25.5퍼센트 수준이다. 한 해 연봉으로 따지면 여성은 1380만 원을 받고 남성은 512만 원을 받아야 한다. 이런 통계는 비공식 돌봄을 노동으로 인정하고 어떻게 보상할지를 논의할 때 중요한 참조 자료가 될 만하다. 어쩌면 지금 우리는 비공식 돌봄에 현금을 지원할 수 없냐고 질문하기보다는, 이미 진행되는 현금 지원과 기왕에 매겨진 경제적 가치를 바탕으로 어떻게 대안을 만들 수 있는지 물어야 할지도 모른다.

현금 지원을 이야기할 때 중요한 쟁점이 있다. 가족 돌봄이 다른 서비스나 가족 외 돌봄에 견줘 차등으로 보상받는 문제다. 양육 수당이나 가족 요양비는 실제로 받을 수 있는 서비스 금액으로 환산한 정도보다도 훨씬 적은 금액이고, 가족 요양보호사 또한 타인을 돌보는 요양보호사보다는 적은 임금을 매긴다. 산재보험에서도 전문 간병인보다 가족 간병인이 받는 급여가 더 적다. 오늘날 돌봄 위기는 가족 돌봄을 당연하게 여기면서 제대로 인정하고 보상하지 않기 때문에 벌어진다는 사실을 잊지 말아야 한다. 가족 돌봄과 가족 외 돌봄에 차등을 두는 문제를 어떻게 풀지 이야기해야 한다.

돌봄 할 자유와 가족 구성권

돌봄 할 자유를 어떻게 강화할까? 무엇보다도 사회 서비스를 강화하고 확충해야 한다. 누군가의 가족이 아니라 오로지 한 사회의 성원인 개인에게 충분한 돌봄 서비스를 제공해야 한다. 서비스를 양적으로 확대하려면 일단 예산을 늘려야 하지만, 먼저 해결해야 할 문제가 있다. 돌봄을 책임지는 주체를 명확히 하고, 이리저리 흩어진 서비스를 통합해야 한다.

한국이 사회복지 분야 예산이 경제협력개발기구^{OECD} 평균에 한참 못 미치는 현실은 이제 상식이다. 오이시디 평균이 국내총생산 대비 20퍼센트인 데 견줘 한국은 12퍼센트 수준이다. 노인과 장애인 등 성인 돌봄 예산은 사정이 다르다. 한국은 국내총생산 대비 1퍼센트를 지출하는데 오이시디 평균은 1.5 퍼센트다. 적은 금액이 아닌데도 충분한 돌봄 서비스를 받지 못하는 이유는 책임 주체가 없고 서비스가 흩어져 있기 때문이다.

돌봄이 국가의 책임이라는 구호가 공허하다는 지적도 꾸준히 나온다. 돌봄 서비스가 260가지나 시행되지만 비효율적으로 운영되는 탓에 삶이 나아지는 데 큰 구실을 하지 못한다. 여기저기 찾아다니며 서비스를 신청하고, 심사받고, 기다리다가 지친다.

책임 주체를 국가에서 지역으로 바꾸면 어떨까? 돌봄이 실제로 진행되는 지자체에서 돌봄 책임을 통합적으로 지는 방식이다. 중앙 정부가 지자체에 부담을 떠넘기는 꼴이 되지 않으려면 돌봄을 기본권으로 올려야 한다. 돌봄받을 권리가 기본권으로 법제화되면 중앙 정부와 지자체는 긴밀하게 협력해야 한다. 공적 재원을 더 많이 투여할 수 있는 근거도 된다.*

서비스만으로 일상에서 필요한 돌봄을 모두 충족할 수는 없다. 우리는 코로나19를 겪는 동안 돌봄의 사회화와 돌봄의 재가족화를 자주 오갔다. 돌봄을 서비스로 한정하는 방식이 취약한 이유를 확인할 수 있었다. 우리에게는 가족과 사회 서비스를 나누는 이분법이 아니라 시민과 사회가 협력해 돌봄 안전망을 구축해야 한다는 관점이 필요하다. 그러려면 서비스는 목적보다는 수단이 돼야 한다. 더 나은 삶으로 나아가는 수단 말이다.

가족이라는 이유로 짊어져야 하는 돌봄과 부양이라는 부담을 덜어주는 한편으로 가족에게 책임과 권한을 떠넘기는 현실을 바꿔야 한다. 가족에게 부여된 책임과 권한에 변화가 일어날 때 우리는 각자가 가족일 뿐 아니라 시민과

---

* 참여연대 사회복지위원회 사회서비스TF, 〈기획 2: 공허한 국가책임제가 아닌 국민돌봄기본권 보장이 필요하다!〉, 《복지동향》 제276호, 2021년 10월 1일.

시민으로 관계를 맺는다는 사실을 합의할 수 있다. 그러려면 가족을 좀더 쉽게 형성할 수 있어야 한다.

가족을 혈연이나 혼인으로 맺어진 관계에 한정하지 않는 '가족 구성권'이 필요하다. 가족 구성권은 말 그대로 가족을 구성할 수 있는 권리다. 가족 구성권을 보호하는 '생활동반자법'도 중요하다. 해외에서는 시민결합법으로 부르기도 한다. 서로 합의해 생활 동반자로 등록하면 꼭 혼인하지 않더라도 가족 지위를 얻는다. 질병, 돌봄, 죽음 등 삶의 길목마다 곁에 함께하는 이가 서 있을 자리를 마련하고, 가족 단위로 구성된 복지 혜택도 함께 누린다. 혼자 살아가는 사람들끼리 함께 살아갈 기반을 마련할 수 있다.

2021년 4월 여성가족부가 발표한 '제4차 건강가정기본계획(2021~2025)'은 가족 구성권 관련 내용을 담고 있다. 기본 계획의 목표는 '가족 다양성 인정'과 '평등하게 돌보는 사회'로, '세상 모든 가족을 포용하는 사회 기반 구축'을 첫째 과제로 삼는다. '서로 돌보는 가족관계의 권리 보호를 위한 제도 마련 검토 및 논의 추진'도 명시돼 있다. 이제 '정상 가족'은 더는 돌봄의 표준이 아닌 현실을 국가가 인정한 셈이다. 다양한 형태를 띤 가족이 살아갈 기반이 마련되면 가족에 부과된 돌봄과 부양도 성격이 바뀔 수 있다. 가족이 아니어도 생활 동반자로 등록해 서로 더 잘 돌보거나, 법적 가족을 꼭 돌보지 않아도 될지 모르기 때문이다.

보편적 돌봄 제공자 모델

내가 잘 돌보고 돌봄 받으려면 결국 우리 모두 어느 정도 돌봄을 해야 한다. 그러려면 남성 생계 부양자와 가정주부를 나누듯 돈 버는 사람 따로 있고 돌봄 하는 사람 따로 있으면 안 된다. 비공식 돌봄을 인정하고 보상하는 방식은 돌봄을 하는 사람만 하게 만들 수 있다. 돌봄이 여전히 사적 영역에 머물고 여성이 떠맡아야 하는 상황이 달라지지 않으면 여성만 돌봄이라는 굴레에 갇힐 가능성이 높다. 돌봄 서비스를 강화하고 확충하는 문제도 마찬가지다. 비공식 돌봄을 하느라 사회 참여에 제약을 받고 손해를 보는 사례는 줄어들어도, 결국 유급 돌봄 노동자는 대부분 여성이 차지하게 된다. 아무도 하지 않으려는 돌봄에 높은 가치가 매겨질 리 없다. 다른 노동에 견줘 돌봄 노동이 저평가되는 문제는 이어진다.

낸시 프레이저는 돌봄이 여성을 억압하는 기제가 되지 않는 대안을 제시한다. '보편적 돌봄 제공자 모델'이다. 보편적 돌봄 제공자 모델은 누구나 돌봄을 제공하는 방식으로 우리 삶을 재구성한다. 프레이저는 보편적 돌봄 제공자 모델을 거쳐 만들어질 세계를 이렇게 묘사한다.

모든 일자리는 돌봄 제공자인 동시에 노동자인 사람들

을 위한 방식으로 고안될 것이다. 모든 사람은 지금의 상근직보다 주중 노동시간이 줄어들 것이다. 그리고 모든 사람이 취업을 가능케 하는 서비스의 지원을 받게 될 것이다. …… 상당수 비공식적인 노동은 공적 지원을 받고 단일한 사회보장 제도 체계에서 임금노동과 동등하게 통합될 것이다. 어떤 비공식적 노동은 친척이나 친구가 집에서 수행할 수도 있다. 그런 가구들이 반드시 이성애 핵가족일 필요는 없다. 그 외의 지원받는 돌봄 노동은 전적으로 가구 바깥에서 실시될 수도 있다. 말하자면 시민사회에 자리할 수도 있다. 국가가 재정을 지원하지만 지역적으로 조직된 시설에서 무자녀 성인들, 노인들, 또 혈육에 대한 책임을 져야 할 필요가 없는 사람들이 부모 역할에 합류할 수도 있고 어떤 사람들은 민주적으로 자기 관리 형태를 띤 돌봄 노동 활동에 합류할 수도 있다.[*]

이제 남성과 여성, 공적 영역과 사적 영역, 생산과 재생산, 일과 돌봄의 위계가 사라진다. 그런 세계는 서로 잘 돌볼 뿐 아니라 자기를 돌보고 여가를 즐기고 공동체에 참여하는 일까지 보장한다. 아이 키우는 한부모, 영 케어러, 아

[*] 낸시 프레이저, 《전진하는 페미니즘》, 임옥희 옮김, 돌베개, 2017, 190쪽.

픈 가족을 돌보는 중장년이 더는 돌봄과 일의 균형을 맞추려 각자도생하고 고군분투하지 않아도 된다.

이런 세계는 어떻게 현실이 될 수 있을까. 당장에 겪는 돌봄 위기 속에서 우리는 보편적 돌봄 제공자는커녕 안정적 생계 부양자가 되기도 힘에 부친다. 다 같이 돌보자는 말이 너무 먼 이야기로 들릴 수밖에 없다. 현금 지급이나 서비스 확충 정도에 감지덕지하게 될지도 모른다.

현실이 안 좋고 매일이 위기의 연속이어도 더 나은 삶을 상상할 수 있다. 더 나은 삶을 살아가는 내일의 내가 돼 오늘을 바라본다. 때로는 이런 상상을 거쳐 현실에 매몰되지 않은 채 현실을 파악한다. 우리가 겪는 돌봄 위기는 문제가 벌어질 때마다 조금씩 메운다고 해결될 수 없기 때문이다. 우리 모두 생계 부양과 돌봄 제공을 잘하려면 어디에서 시작해야 할까?

일자리 보장제와 돌봄 제공자

보편적 돌봄 제공자 모델은 국가가 굳은 의지를 품고 이끌어야 한다. 이윤을 창출해야 하는 기업과 시장이 선뜻 반기기는 힘들기 때문이다. 코로나19를 거치며 이야기가 많아진 '일자리 보장제'를 함께 생각해볼 수 있다.

일자리 보장제는 정부가 최종 고용자가 돼 일할 의지를 지닌 모든 사람에게 일자리를 보장하자는 구상이다. 공공 근로처럼 노동 시장에 편입되지 못한 이들에게 잔여분의 일을 제공하는 방식이 아니다. 노동 시장만이 일자리를 만들어낸다는 '믿음'을 벗어나 국가가 실업을 완전히 없애는 수준을 목표로 삼는다.

우리는 노동이 가치 없게 되는 시대를 살고 있다. 코로나19는 사상 최대 실업률을 만들어냈고, 앞으로 기후 위기와 4차 산업혁명 때문에 사라질 일자리도 적지 않다. 불평등은 좁힐 수 없을 듯 벌어지기만 하고, 불안정 노동은 예상을 뛰어넘는 형태로 늘어난다. 힘들게 일해서 번 돈의 가치가 나날이 떨어진다. 노동 소득은 자본 소득이 불어나는 속도를 따라잡을 수 없기 때문이다.

이런 상황에서 일자리 보장제는 사회적으로 가치 있는 일자리를 만들고, 누구나 일할 권리를 보장하며, 충분한 소득을 준다는 점에서 대안으로 떠오른다. 현대 화폐 이론Modern Monetary Theory·MMT을 배경으로 삼는 경제학자 파블리나 체르네바는 새롭게 떠오르는 직무가 돌봄 제공에 중점을 둔다면서 일자리 보장제를 '국가돌봄법National Care Act'이라고 강조한다.[*] 변화하는 시대에 필요한 직무가 환경, 지역, 사람

---

[*] 파블리나 체르네바, 《일자리보장》, 전용복 옮김, 진인진, 2021.

을 돌보는 일이기 때문이다.

일자리 보장제에서는 돌봄을 직무에만 국한할 필요는 없다. 일자리 보장제 참여자들이 지향해야 할 삶의 모델로 돌봄을 제시할 수 있다. 보편적 돌봄 제공자 모델을 표준으로 삼아 일자리를 설계해보자! 가까운 이를 돌보면서 일하는 사람을 표준 삼아 만드는 일자리는 어떤 모습일까?

먼저 노동 시간이 짧아야 한다. 노동 시간이 줄면 임금도 줄어든다. 다른 사람을 돌보는 삶이 빈곤으로 이어지게 된다. 돈이 없으면 다른 사람을 돌보는 일뿐 아니라 자기를 돌보고 여가를 즐기며 공동체에 참여하는 모든 재생산 활동이 제약된다. 그러니까 노동 시간이 줄어도 임금이 줄면 안 된다. 파트타임 노동을 하지만 임금은 풀타임 임금에 가깝거나 풀타임 임금이어야 한다. 여기에는 새로운 전제가 필요하다. 비공식 돌봄을 보상하는 문제다. 한 사람이 일하고 퇴근해서 다른 사람을 돌보는 사실을 인정하면 노동 시간이 짧아도 충분한 임금을 줄 수 있다. 공식 노동과 비공식 노동의 임금을 결합한 형태이기 때문이다.

어떤 '일자리'여야 할까? 출퇴근에 많은 시간을 들이지 않도록 일터가 가까운 곳이어야 한다. 또한 일과 학습을 병행할 수 있어야 한다. 역량을 강화하고 커리어를 형성할 수 있는 시간이 주어져야 한다. 다양한 직무를 선택하고 만들 만한 환경도 필요하다. 그러려면 주어진 직무를 수행하는 형태뿐 아니라 필요한 직무를 제안하고 합의하는 기구가 있어야 한다. 일거리가 다양해야 하고, 일하는 사람이 시간을 자율적으로 쓸 수 있어야 한다.

　마을 공동체에서 이런 일자리를 만들 수 있다. 이미 몇몇 마을 공동체는 동네 안전, 분리수거, 주택 개조, 도시 농업, 커뮤니티 공간 운영, 프로그램 운영, 사람과 사람 연결하기 등 일자리로 보장할 만한 일들을 벌인다. 이런 일들은 내가 사는 지역을 더 나은 곳으로 만든다. 내가 한 노동의 결과에서 내가 소외되지 않는다. 보편적 돌봄 제공자 모델을 표준으로 삼아 설계한 일자리는 돌봄의 가치와 일의 가치를 같이 바꿔버릴 수도 있다. 돌봄도 일도 위기에 빠진 시대에 충분히 이야기할 만한 아이디어다.

　이런 아이디어가 당장에 손에 잡힐 리 없다. 이제까지 우리가 살아보지 않은 세계이니까 당연하다. 그래도 대화가 끊이지 않고 이어진다면, 돌봄이 중심이 된 사회에 더 가까워질 수 있고, 보편적 돌봄 제공자 모델을 바탕으로 새로운 생애 주기도 그려볼 만하다. 유례없는 속도의 고령화와 저출생을 대비하는 데도 의미 있는 일자리 형태다. 그러니까 더 많은 상상이 필요하다. 모든 사람을 위한 돌봄이 가능하도록.

생존자
발견

한 청년이 법정에 섰다. 2021년 11월 10일 두 번째 재판일이었다. 1심에서는 존속 살해 혐의로 징역 4년을 받았다. 아픈 아버지를 굶겨 죽음에 이르게 한 죄 때문이었다. 아버지는 1년 전에 쓰러졌다. 대학을 휴학하고 사회 복무 요원을 시작하려는 참이었다. 몇 달 사이 병원비와 간병비가 2000만 원 나왔고, 삼촌에게 손을 벌렸다. 삼촌도 퇴직금을 중간 정산하고 이혼까지 감수하면서 돈을 댔다.

병원비가 없어서 강제로 퇴원했다. 월세가 밀리고, 가스, 전기, 인터넷, 휴대폰도 끊겼다. 한 청년이 자기 아버지를 죽음에 이르게 할 때까지 어떤 복지 정책이나 돌봄 정책도 그 가족의 삶에 가닿지 못했다. 그렇지만 청년이 아버지를 죽음에 이르게 한 사실은 달라지지 않았다. 2심도 원심하고 똑같았다.

청년이 겪은 일은 내가 10년 전 겪은 일하고 많이 닮았다. 한부모 가정이었고, 가난했고, 아무런 복지 지원도 받지 못했다. 10년이 지났지만, 한 가족이 쓰러지면 다른 가족의 삶도 무너질 수 있다는 사실은 달라지지 않았다.

어쩌면 돌봄 사회는 꿈같은 이야기가 아니다. 돌봄 사회에서는 이런 재판이 벌어지지 않을 테니 말이다. 오히려 변함없는 현실이 더 꿈처럼 느껴진다. 간병 부담 때문에 쓰러져가는 사람들 이야기가 끊임없이 들리는데도 그대로 있는 세상이 비현실적이다. 돌봄 사회는 생존의 문제다. 잘 돌볼 수 없고 돌봄 받지 못하는 사회에서 살아남은 이들은 지금 어떻게 지내고 있을까.

—

성희는 아무 사고 없이 직장에 집중하는 요즘이 감사하다. 일과 삶의 균형을 다시 찾은 느낌이다. 아버지는 요양병원에 있는데 되도록 만나고 싶지 않다. 전세로 살던 집이 경매에 넘어가는 일이 있었다. 당장에 보증금을 잃을까 봐 두려웠는데, 서둘러 필요한 절차를 확인해 문제를 해결했다. 아버지 일을 겪으면서 행정의 미로를 헤맨 시간에 견주면 아무것도 아니라는 생각이 들었다.

푸른은 사회복지사 자격증을 따느라 실습을 하는 중이다. 코로나19 때문에 사회복지 기관들이 실습을 거의 하지 않는 통에 집에서 멀리 떨어진 일시 보호 청소년 쉼터에 어렵게 자리를 구했다. 요즘은 할머니가 데이케어센터에서 배운 노래를 신나게 부르는 모습이 자주 떠오른다. 코로나19 때문에 면회가 금지돼 할머니를 못 만난 지 오래됐다.

희준은 고등학교에 올라갔다. 어머니는 건강이 꽤 좋아졌다. 이제 가사와 돌봄을 하지 않는다. 얼마 전 한국의 교육 제도를 공부하는 동아리를 만들었다. 나를 만난 독서학교에서 중고생들이 직접 수업을 진행하는 프로젝트를 하는데, 거기에서 직접 강의할 예정이다. 아이들을 경쟁으로 떠미는 입시 제도를 비판하는 내용으로 말이다.

아름은 석사 논문을 무사히 마쳤다. 여성 노동자가 노동조합을 통해 일터에서 주체적으로 목소리를 내는 과정을 연구했다. 코로나19 때문에 서비스직 여성 노동자는 더 위태로워졌다. 박사 논문은 이런 문제가 발생하는 노동시장 전반을 다룬 주제로 할 생각이다. 아름과 어머니의 관계는 오랜 시간 조율한 만큼 부드럽게 유지되고 있다.

대학을 졸업한 형수는 쉬고 있다. 건강이 안 좋아져 취업은 뒤로 미뤘다. 동생은 여전히 전염병이 창궐한 병원 밖을 나올 생각이 없다. 병원에 있지만 간식비나 건강보험 비급여에 들어가는 비용이 만만치 않다. 어머니가 다 부담하는 이 비용을 국가가 지원할 수는 없을까 고민한다.

경훈은 이제 돌봄을 하지 않는다. 2021년 2월에 할머니가 돌아가셨다. 즐거운 기억이든 죄책감이든 떠올리지 않으려 한다. 지금은 그렇게 하는 편이 할머니를 애도하는 방법이다. 전업 주식 투자자로 일한다. 고졸 학력에 돌봄을 하느라 특별한 경력이 없는 경훈은 선택지가 많지 않다. 요즘은 당장 쓸 현금을 마련하고 운동도 할 겸 저녁마다 자전거로 플랫폼 배달 노동을 한다.

서진은 연락이 닿지 않는다. 나도 모르게 실수를 저지른 건가 되돌아보게 된다. 서진에게 영 케어러 시절은 아주 오래된 기억이기도 했고, 지역 사회 통합 돌봄에 참여하는 팀을 이끄는 전문가에서 당사자로 자리를 바꿔야 하는 질문이 불편할 수도 있었으리라. 서진이 만들어갈 지역 사회 통합 돌봄이 어떤 모습이 될지 기대하고 응원하면서, 나도 내 자리에서 더 나은 돌봄을 위해 할 수 있는 일들을 열심히 할 생각이다.

—

나는 요양 병원에 있는 아버지를 만나지 못한 지 꽤 오래됐다. 코로나19가 참 야속하다. 빠른 시간 안에 끝날지 모르겠지만, 코로나19가 끝난다면 다시 병원 밖에서 아버지하고 함께 살아보려 한다. 나에게는 큰 도전이다. 사는 곳부터 주거 환경, 아버지가 다닐 수 있는 데이케어센터, 활동할 수 있는 프로그램, 내가 하는 일까지 모두 다 조율해야 한다. 내가 시민으로서 자유롭게 살아가듯 아버지도 시민으로서 자기가 원하는 삶을 살아가기를 바랄 뿐이다.

무엇보다 가장 큰 변화는 아픈 가족을 돌보는 청년들이 만나는 모임을 진행하게 된 일이다. 3년 전에 시도하다가 사람이 모이지 않아서 무산한 모임이었다. 이제야 함께 할 사람들을 만나 제대로 하고 있다. 푸른과 경훈도 함께 한다. 돌봄 경험을 시로 쓰고 커뮤니티 케어 정책에 관한 토론도 했다. 돌봄을 하면서 느낀 기쁨과 슬픔을 나눴고, 돌봄이 끝난 뒤에는 어떻게 살아가야 하는지 들었다.

한 참여자는 첫 출근하는 날 아버지가 중환자실에 들어가는 일이 벌어졌다. 직장에 적응하는 데 온 힘을 쏟아도 모자랄 판이지만 줄곧 아버지에게 신경이 쓰였다. 직장에서 자리를 잡은 뒤에 일이 터지면 그나마 나을 텐데 하는 생각이 들었다. 마치 '운명의 장난' 같았다. 모임에 참여하는 이들은 이런 말을 구구절절 털어놓을 필요가 없었다. 일상을 뒤흔드는 돌봄 위기가 얼마나 다양한 계기로 나타나는지 각자의 삶이 증명하기 때문이었다. 말하지 않아도 이해받는 상황에서는 자기 상황을 설명할 언어를 찾아 헤매지 않아도 됐다. 각자가 각자의 언어에 포개져 각자의 상황을 드러내줬다.

모임을 진행하다가 급히 자리를 떠야 하는 참여자도 있었다. 어머니를 맡아줄 사람이 없었다. 돌봄 상황 때문에 갑자기 모임이나 약속을 취소하는 일은 우리 모두 익숙했다. 그렇지만 이번에는 조금 달랐다. 가족을 잠깐 보호해줄 곳이 없을 때는 모임에 함께 오면 그만이었다. 모든 구성원이 자기만의 돌봄 노하우를 지녔고, 질병을 이해하는 수준도 높았다. 우리는 떠나는 참여자에게 농담을 건넸다. 어머니가 혹시 욕을 하거나 때리더라도 이해한다는 우스갯소리였다. 이런 상황을 농담으로 주고받을 수 있다는 사실에 괜히 설렜다. 그전에는 아무에게도 못 한 말이었다.

돌보는 이에 관한 언어도 서서히 바뀌었다. 병원에서는 아버지가 어디가 아프고 무엇을 못하는지 말하기 바쁘고, 공공기관에서는 아버지가 얼마나 무능하고 나를 힘들게 하는지 힘주어 설명한다. 그래야 진단서를 받고 복지 급여를 신청할 수 있다. 모임에서는 다른 언어를 썼다. 내가 돌보는 이는 무엇을 잘하는 사람인지, 그 사람은 어떤 의미가 있는 존재인지 말한다. 어느새 자기가 돌보는 이가 지닌 장점을 자랑하는 분위기도 만들어졌다. 아픈 가족을 돌보는 청년들이 만나면 아픈 이가 지닌 역량을 함께 발견하는 대화도 할 수 있다는 사실을 새삼 깨달았다. 돌봄 받을 권리가 생기려면 이런 대화가 일상이 돼야 한다고 생각했다.

'생존자 발견.' 첫 모임을 한 뒤에 경훈이 남긴 소감이다. 마치 좀비 영화에서 살아남은 사람을 발견한 듯한 기분이라고 했다. 안전이 보장되지 않은 세계에서 살아남은 이들이 모여야 안전한 세계를 만들어갈 수 있다. 모임을 하면서 얻은 가장 큰 소득은 바로 그런 세계의 가능성이다. 새파란 돌봄을 만들어갈 수 있는 생기를 느낀다. 진로 이행, 가족 돌봄, 생계 부양이 꼬이지 않고, 하고 싶은 모임과 가족 돌봄이 대립하지 않으며, 아픈 이를 무능이라는 단어만으로 설명하지 않는 어떤 세계의 모습이 뚜렷해진다.